métro 4

Vert

Teacher's Guide

Gill Ramage

HEINEMANN

Heinemann Educational Publishers,
Halley Court, Jordan Hill, Oxford OX2 8EJ.
Part of Harcourt Education Ltd.

Heinemann is the registered trademark of Harcourt Education Ltd.

© Gill Ramage

First published 2001

06 05 04
10 9 8 7 6 5 4

A catalogue record is available for this book from the
British Library on request.

ISBN 0 435 38032 X

Produced by Ken Vail Graphic Design, Cambridge.

Original illustrations © Heinemann Educational Publishers 2001

Cover photograph by Paul Raferty

Printed in the U.K. by Athenaeum Press Ltd.

Tel: 01865 888058 www.heinemann.co.uk

Contents

Introduction	*4*
Coverage of Edexcel topic areas in Métro 4 Vert	8
Coverage of OCR contexts in Métro 4 Vert	9
Coverage of WJEC topic areas in Métro 4 Vert	10
Coverage of CCEA contexts in Métro 4 Vert	11
Answers to Grammaire exercises (Student's Book pages 166–180)	12
Module 1: Études	*14*
Module 2: Chez moi	*27*
Module 3: Temps libre	*42*
Module 4: Au boulot	*56*
Module 5: Ma ville	*72*
Module 6: Aux magasins	*82*
Module 7: En vacances	*99*
Module 8: Bienvenue en France!	*114*
Module 9: En bonne forme	*130*
Module 10: Le transport	*147*
Photocopiable grids	*160*

Introduction

Métro offers a lively, communicative approach, underpinned by clear grammatical progression.

The course is suitable for a wide ability range and includes differentiated materials in the Pupil's Books and differentiated Workbooks in *Métro 1* and *Métro 2*. *Métro 3* offers differentiated Pupil's Books and Workbooks.

In *Métro 4* the Student's Books are differentiated to cater for the two tiers of GCSE: *Métro 4 Vert* is for Foundation level and *Métro 4 Rouge* is for Higher level. The Workbooks also reflect the examination tiers. *Métro 4* is specifically designed to continue from *Métro 1, 2* and *3*, but is also suitable for students who have followed a different course at Key Stage 3.

Métro 4 Vert: The components

Student's Book
Cassettes or CDs
Teacher's Guide
Foundation Workbook
Two assessment packs are available to accompany each pack (OCR and Edexcel).

Student's Book

The Student's Book is designed to last for two years and contains all the language required for the preparation of the GCSE examination. There are ten chapters or Modules, and it is expected that the first six will be completed in the first year of the course and four in the second.

Each module begins with a Déjà vu section which revises Key Stage 3 language as well as language learned in the preceding Module/s. This is followed by the core units.

At the end of each Module is a summary of the vocabulary covered, arranged into subject groups. These pages, entitled *Mots*, will serve as a valuable examination revision tool. At the end of each Module there is also a double-page spread entitled *Entraînez-vous*, further divided into *À l'oral* and *À l'écrit*. These pages are designed to help the student prepare for the Speaking examination and for Coursework, and contain practice role-plays, presentations and conversation questions, and written assignments practising material learned over the preceding Module(s).

At the back of the Student's Book there is a double-page spread for each Module entitled *À toi!* providing further reading and writing practice, and the *Grammaire* section which explains and practises grammar points introduced in *Métro 4 Vert* – see separate section of this introduction for further information. Finally, there is a comprehensive French–English word list and a shorter English–French word list (*Vocabulaire*).

Cassettes/CDs

There are four cassettes or three CDs for *Métro 4 Vert*. They contain listening material for both presentation and practice. The material includes passages, dialogues and interviews recorded by native speakers.

Workbooks

There are two parallel Workbooks to accompany *Métro 4*, one for Foundation level and one for Higher level. The Higher Workbook is designed to be used alongside *Métro 4 Rouge*, while the Foundation Workbook accompanies *Métro 4 Vert*. The Workbooks provide self-access reading and writing tasks. They are ideal for homework. At the end of each Module there is a page of grammar revision and a page for Speaking preparation. All Workbook pages are referred to at the end of the appropriate Module in the Teacher's Guide, with a miniature version of the page and solutions to the activities.

Teacher's Guide

The Teacher's Guide contains:

– overview grids for each Module
– clear teaching notes for all activities
– solutions for Student's Book and Workbook activities
– full transcripts of recorded material
– matching charts for OCR, Edexcel, WJEC and CCEA examinations
– photocopiable grids for selected listening activities in the Student's Book.

Assessment

There are two separate Assessment Packs available to accompany *Métro 4*. Each pack has been written by an experienced examiner from the appropriate examination board (Edexcel or OCR). The design and type of questions follow the examination boards' own papers and give much-needed regular practice in developing examination skills.

Each pack contains assessment material at three levels, making it suitable for use with *Métro 4 Vert* and *Métro 4 Rouge*:
- Foundation level
- Foundation/Higher level
- Higher level.

Each of the main assessment blocks represents two Modules. It is suggested that one assessment block be used at the end of each term of the two-year course, and that the final assessment be used at the end of the course as a pre-examination test.

The *Métro 4 Assessment Packs* include the following important features:
- Assessments have clear and concise mark schemes for Listening, Speaking, Reading and Writing
- Speaking assessments contain pages for students and for teachers
- Rubrics reflect the language used by the examining bodies, familiarising students with GCSE-style questions throughout Years 10 and 11.

How the course works:

The Entraînez-vous sections
These sections provide further speaking and writing practice and are designed to help students prepare for the oral and coursework parts of their examinations.

À l'oral
The *À l'oral* pages offer practice role-plays, presentations and general conversation questions in contexts taken from the preceding Module. Students are either given a choice of answers through pictorial prompts or else they are asked to supply their own responses, whenever they see the ! . Opportunities are given to practise these at either Foundation level, denoted by ⌒ or at Foundation/Higher level, denoted by ⌒. To help them prepare for the presentation part of the exam students are encouraged to prepare their own cue cards. These activities are aimed at both Foundation and Higher candidates and are differentiated by outcome, denoted by ○. The Q box, also regularly found on this page, provides some questions which may well arise in the discussion of the presentation or in the general conversation part of the exam. Questions given here are just a sampler, taken from the Module as a whole.

À l'écrit
These sections give students regular, guided practice in preparing for the written coursework element of the GCSE examination (OCR and Edexcel specifications), helping them to structure what they have learned over the previous Modules into a relevant piece of work. There are obviously more tasks suggested than need to be submitted, so teachers can pick and choose which ones suit them best. Students are given plenty of support in the form of a suggested structure, Top Tip boxes and regular referencing which gives them guidelines as to what language they might include and particular structures that will raise the level of their writing. Teachers need to remind their students that they will have to adapt and elaborate on the suggestions given to get the very best marks.

Tasks marked ⌒ are suitable for students targeting grades G, F and E. The suggested word count for such tasks is 40–85 words (OCR) or about 85 words (Edexcel). Students should be encouraged to write in full sentences whenever possible. They need to be warned about the dangers of copying straight from the book.

Tasks marked ⌒ are suitable for students targeting grades D and C. The suggested length of these tasks is 90–100 words (OCR) or 120–200 words (Edexcel). Students tackling these tasks need to show an ability to use past, present and future tenses.

Reading/Writing pages (*À toi!*)
These pages at the back of the book are designed to give students extra practice in reading and structured writing. They are differentiated, again with the tasks marked with a ⌒ being easier than those marked with a ⌒. The intention is to give pupils a variety of types of 'authentic' texts to work on. Sometimes these relate closely to the relevant chapter of the Student's Book, sometimes the link is more general. This is deliberate, to avoid the impression of all the language tasks being too tightly controlled and over-prescriptive.

Grammar (*Grammaire*)
The key structures introduced in a Unit are presented in a Grammar box (*Grammaire*) on the Student's Book page, providing support for the speaking and writing activities. Structures that have already been introduced in *Métro 4 Vert* are highlighted in a *Rappel* box. *Grammaire* boxes contain page references for the comprehensive Grammar Section at the end of the Student's Book where grammar points are explained more fully. The *Grammaire* section also includes grammar practice activities. There is further grammar practice in the Workbook.

Skills and strategies
Many of the pages of *Métro 4 Vert* have boxes giving students tips to improve their language-learning skills or to equip them with strategies that will enhance their performance in the forthcoming examination. These are highlighted by a symbol to make them easily recognisable.

Progression
The first one or two double-page spreads (*Déjà vu*) of each Module are devoted to language that should already be familiar to students; the rest of the Units continue to revise earlier material but new grammar and structures are built in to the activities to ensure steady progression.

As well as the clear progression within each Module, language is constantly recycled through all chapters in a systematic spiral of revision and extension. Clear objectives are given in the Teacher's Guide, in the planning summary at the beginning of each Module, to help teachers plan a programme of work appropriate for the ability groups that they teach.

The teaching sequence

Core language can be presented using the cassettes or CDs, ensuring that students have authentic pronunciation models. Text may also be given in the Student's Book so that they can read the new language and check the pronunciation at the same time. Next, they will usually engage in a simple comprehension activity such as a matching, or true or false task to consolidate the language taught.

Students then move on to a variety of activities in which they practise the language that has been introduced, usually in pairs or groups. Many of the practice activities are open-ended, allowing students to work at their own pace and level. Ideas for additional practice ✚ or reinforcement R are presented in the teaching notes for each Unit.

Using the target language in the classroom

Instructions are usually given in French throughout, with the exception of the *À l'oral* section of the *Entraînez-vous*. A page summarising these instructions is supplied for handy reference on pages 191–192 of the Student's Book. They have been kept as simple and as uniform as possible. In the Assessment Packs, the instructions are in line with those used by the appropriate examination board, and reference pages at the end of the pack give a bilingual list of question forms that teachers may like to photocopy and give to their students for reference purposes.

Incorporating ICT

Appropriate use of Information and Communication Technology (ICT) to support modern foreign language learning is a requirement of the National Curriculum. It is an entitlement for all students.

Word processing and desktop publishing skills will be particularly useful for students who are preparing for the coursework option for the writing part of the GCSE examination. References to e-mail and websites occur within the course, as they do in the GCSE examination papers. Students should be encouraged to e-mail contemporaries in French-speaking countries and to research authentic information in French on the internet.

Please refer to the Heinemann website (www.Heinemann.co.uk/secondary/languages) for the most up-to-date information and a selection of useful websites.

Examples of key websites are suggested in *Métro 4 Vert*. Although they were up to date at the time of writing, it is essential for teachers to preview these sites before using them with pupils. This will ensure that the URL is still accurate and the content is suitable for your needs. We suggest that you bookmark useful sites and consider enabling pupils to access them through the school intranet. We are bringing this to your attention as we are aware of legitimate sites being appropriated illegally by people wanting to distribute offensive or inappropriate material. We strongly advise you to purchase screening software so that pupils are protected from unsuitable sites and their material.

We know that web addresses do change. Therefore please check on our website first where any address changes that we know of will be posted. If you do find that an address is incorrect, please let us know and we will post the details on our website.

Coverage of Edexcel topic areas in *Métro 4 Vert*

At home and abroad

- Things to see and do: Module 3, pp. 34–41

- Life in the town, countryside, seaside: Module 5, pp. 62–68, pp. 70–71 and pp. 72–73

- Weather and climate: Module 7, pp. 92–93

- Travel, transport and directions: Module 10, pp. 132–139 and pp. 142–143; À toi!, p. 164
  Exchange visits: À toi!, p. 161 and p. 165

- Holidays, tourist information and accommodation: Module 7, pp. 90–91, 94–101; À toi!, pp. 158–159

- Services and shopping abroad
  Shopping: Module 6, pp. 76–83; À toi!, pp. 156–157
  Post office: Module 6, pp. 84–85

- Customs, everyday life and traditions in target-language countries and communities
  Greetings: Module 8, pp. 104–105
  Jokes: À toi!, pp. 160–161

Education, training and employment

- School life and routine
  School routine, rules, subjects and opinions: Module 1, pp. 6–13 and pp. 16–17; À toi!, pp. 146–147

- Different types of jobs: Module 4, pp. 48–49 and pp. 52–53

- Job advertisements, applications and interviews: Module 4, pp. 54–55 and pp. 58–59; À toi!, p. 149
  Telephone: Module 4, pp. 56–57; À toi!, p. 58

- Future plans and work experience
  Future plans: Module 1, pp. 14–15; Module 4, pp. 50–51 and p. 58; À toi!, pp. 152–153
  Work experience: Module 4, pp. 52-53; À toi!, p. 153 and p. 165

House, home and daily routine

- Types of home, rooms, furniture and garden: Module 8, pp. 105–106, pp. 108–109 and pp. 114–115

- Information about self, family and friends: Module 2, pp. 20–21 and pp. 24–27 and pp. 30–31
  Dates and spelling out words: Module 2, pp. 22–23; À toi!, pp. 148–149

- Helping around the house: Module 2, pp. 28–29

- Food and drink
  Eating out: Module 8, pp. 106–107, pp. 112–113 and p. 114
  Eating at home: Module 9, p. 119
  Daily routine including meals: Module 9, pp. 120–121 and pp. 128–129
  Food preferences and healthy eating: Module 9, pp. 122–123
  Recipes: À toi!, pp. 162–163

Media, entertainment and youth culture

- Sport, fashion and entertainment
  Sport: Module 3, pp. 34–37
  Entertainment: Module 3, pp. 38–39

- Famous personalities: Module 6, p. 77; Module 9, p. 121

- The media
  TV and films: Module 8, pp. 110–111 and p. 115

- Current affairs, social and environmental issues
  General environmental issues: Module 5, p. 71; À toi!, pp. 154–155
  Transport and environmental issues: Module 10, pp. 140–141 and p. 143

Social activities, fitness and health

- Free time (evenings, weekends, meeting people): Module 3, pp. 34–45; À toi!, pp. 150–151

- Special occasions: Module 5, p. 69

- Hobbies, interests, sports and exercise: Module 3, pp. 34–43; Module 9, p. 129; À toi!, pp. 150–151

- Shopping and money matters: Module 6, pp. 76–87

- Accidents, injuries, common ailments and health issues (smoking, drugs)
  General health and parts of body: Module 9, pp. 118–119; À toi!, p. 163
  Illness: Module 9, pp. 124–125
  Smoking, alcohol, drugs: Module 9, pp. 126–127

Coverage of OCR contexts in *Métro 4 Vert*

1 Everyday activities

a Home life

Helping at home: Module 2, pp. 28–29
Home and rooms: Module 8, pp. 105–106, 108–109 and 114–115
Daily routine: Module 9, pp. 120–121 and p. 128

b School life

Classroom language: Module 1, pp. 6–7
School routine, rules, subjects and opinions: Module 1, p. 8, pp. 10–13 and pp. 16–17; À toi!, pp. 146–147
Telling the time: Module 1, p. 9; Module 9, p. 119

c Eating and drinking

Eating out: Module 8, pp. 106–107 and pp. 112–114
Food preferences and healthy eating: Module 9, pp. 122–123 and p. 129; À toi!, p. 163
Recipes: À toi!, pp. 162–163

d Health and fitness

General health and parts of body: Module 9, pp. 118–119 and p. 129
Illness: Module 9, pp. 124–125 and p. 128
Smoking, alcohol and drugs: Module 9, pp. 126–127

2 Personal and social life

a People – the family and new contacts

Family (including pets) and descriptions: Module 2, pp. 20–21, pp. 24–26 and pp. 30–31
Dates and birthdays: Module 2, p. 22; À toi!, pp. 148–149
Spelling words out: Module 2, p. 23
Good and bad points of family life: Module 2, p. 27
Invitations: Module 3, pp. 40–41
Greeting people: Module 8, p. 104

b Free time

Activities and opinions: Module 3, pp. 34–37 and p. 44; À toi!, pp. 150–151
Reading information about leisure activities: Module 3, pp. 38–39
Past activities: Module 3, pp. 42–43 and p. 45
Jokes: À toi!, pp. 160–161

c Making appointments

Making arrangements: À toi!, p. 44

d Special occasions

Festivals: Module 5, p. 69

3 The world around us

a Local and other areas

Local town and region: Module 5, pp. 62–68 and pp. 72–73; À toi!, p. 155
Town versus countryside: Module 5, pp. 70–71

b Shopping and public services

Shopping: Module 6, pp. 76–82 and pp. 86–87; À toi!, pp. 156–157
Post office and money transactions: Module 6, pp. 84–85

c Environment

Weather: Module 7, pp. 92–93
Traffic and transport problems: Module 10, pp. 140–141 and p. 143
Protecting the environment: À toi!, pp. 154–155

d Going places

Transport and finding the way: Module 10, pp. 132–133, pp. 136–137 and pp. 142–143; À toi!, p. 164
Useful questions: Module 10, pp. 134–135
At the station: Module 10, pp. 138–139
Exchange visits: À toi!, p. 161 and p. 165

4 The world of work

a Jobs and work experience

General jobs and using the phone at work: Module 4, pp. 48–49, pp. 56–57 and p. 58; À toi! pp. 152–153
Part-time jobs and work experience: Module 4, pp. 52–53 and p. 59; À toi!, p. 153 and p. 165
Job seeking: Module 4, pp. 54–55 and pp. 58–59; À toi!, p. 149 and p. 153
Pocket money: Module 6, p. 83

b Careers and life-long learning

Further education plans: Module 3, pp. 14–15
Future careers: Module 4, pp. 50–51 and p. 58

5 The international world

a The media

TV and films: Module 8, pp. 110–112 and p. 115

b World issues, events and people

c Tourism and holidays

Holidays: Module 7, pp. 90–91, pp. 94–95 and pp. 100–101; À toi!, pp. 158–159
Tourist office: Module 7, pp. 96–97 and p. 100

d Tourist and holiday accommodation

Hotel accommodation: Module 7, pp. 98–100

Coverage of WJEC topic areas in *Métro 4 Vert*

Home life

Members of the family: Module 2, pp. 20–27
Helping at home: Module 2, pp. 28–29, À toi!, p. 30
Description of home and garden: Module 8, pp. 105–106, pp. 108–109 and pp. 114–115
Meals: Module 9, p. 119; À toi!, pp. 162–163
Daily routine: Module 9, pp. 120–121

Home town and region

Local facilities: Module 5, pp. 62–68 and pp. 72–73; Module 10, pp. 134–135
Comparisons with other towns: Module 5, pp. 70–72

Education

School life: Module 1, pp. 6–13 and pp. 16–17; À toi!, pp. 146–147
Future plans: Module 1, pp. 14–15

Environmental issues

Weather: Module 7, pp. 92–93
Transport: Module 10, pp. 140–143
Protecting the environment: À toi!, pp. 154–155

Social issues

Health and parts of body: Module 9, pp. 118–119; À toi!, p. 163
Food preferences and healthy eating: Module 9, pp. 122–123
Illness: Module 9, pp. 124–125
Smoking, alcohol and drugs: Module 9, pp. 126–127

Life in other countries

Leisure time: Module 3, pp. 38–45; À toi!, pp. 150–151
Festivals: Module 5, p. 69
Post office and bank: Module 6, pp. 84–85
Special days: Module 8, pp. 104–105
Transport: Module 10, pp. 132–133 and pp. 136–139; À toi!, p. 164
Eating out: Module 8, pp. 106–107; pp. 112–114
Jokes: À toi!, pp. 160–161

Youth culture

Sport: Module 3, pp. 34–37; À toi!, pp. 150–151
Shopping: Module 6, pp. 76–83 and pp. 86–87; À toi!, pp. 156–157
Holidays: Module 7, pp. 90–91, pp. 94–99 and pp. 100–101; À toi!, pp. 158–159
Friends and penfriends: Module 2, pp. 30–31; À toi!, pp. 160–161 and p. 165
Birthdates: À toi!, pp. 148–149

New technologies

Telephone: Module 4, pp. 56–57

The world of work

Word experience: Module 4, pp. 48–49, pp. 52–55 and pp. 58–59; À toi!, p. 153, p. 163 and p. 165
Future career: Module 4, pp. 50–51 and p. 58
Job applications: À toi!, p. 149 and p. 153
Future work patterns: À toi!, p. 152

The media

TV and films: Module 8, pp. 110–111 and p. 115

Coverage of CCEA contexts in *Métro 4 Vert*

Myself and others

(1a) Self, Family and Friends: Module 2, pp. 20–27 and pp. 30–31; Module 8, pp. 104–105 and p. 114; À toi!, pp. 148–149 and pp. 160–161

(1b) Home Life and Daily Routine: Module 2, pp. 28–30; Module 8, pp. 105–106, pp. 108–109 and pp. 114–115; Module 9, pp. 120–121, p. 122 and p. 128

(1c) Hobbies and Interests: Module 3, pp. 34–45; Module 6, p. 83 and p. 86; Module 8, pp. 110–111; À toi!, pp. 150–151 and p. 165

(1d) School: Module 1 pp. 6–13 and pp. 16–17; À toi!, pp. 146–147

(1e) Health: Module 9, pp. 118–119 and pp. 122–129; À toi!, pp. 162–163

My Locality

(2a) Weather: Module 7, pp. 92–93

(2b) Town and Countryside: Module 5, pp. 62–73

(2c) The Environment: Module 10, p. 141; À toi!, pp. 154–155

Travel and holidays

(3a) Getting Around: Module 10, pp. 132–143; À toi!, p. 164

(3b) Accommodation: Module 7, pp. 98–100

(3c) Public Services: Module 4, pp. 56–58; Module 6, pp. 84–85

(3d) Shopping: Module 6, pp. 76–83 and pp. 86–87; À toi!, pp. 156–157

(3e) On Holiday: Module 7, pp. 90–91 and p. 94–101; Module 8, pp. 106–107 and pp. 112–113; À toi!, pp. 158–159

Work and Continuing Education

(4a) Part-time Jobs/Work Experience: Module 4, pp. 52–53 and p. 59; À toi!, p. 153, p. 163 and p. 165

(4b) Continuing Education: Module 1, pp. 14–15

(4c) Careers: Module 4, pp. 48–51, pp. 54–55 and pp. 58–59; À toi!, p. 149 and pp. 152–153

Answers to Grammaire exercises (Student's Book pp.166–180)

1.1 Nouns: gender (p.166)
Masc.: frère, serveur, stylo, rideau, concert, volley, chat, avion, fromage

Fem.: belle-sœur, grand-mère, nièce, serveuse, table, veste, gomme, chambre, amie

1.2 Nouns: plurals (p.167)
1. des chaussettes
2. des cinémas
3. des cadeaux
4. des cheveux
5. des animaux

2.1 Articles: 'the' (p.167)
1. le
2. les
3. la
4. le
5. le

2.2 Articles: 'A' (p.167)
1. un frère
2. une robe
3. un magasin
4. une gare
5. un cadeau

2.3 Articles: 'Some' (p.168)
1. pain
2. tarte
3. stylos
4. papier
5. eau minérale

3.1 Verbs: the infinitive (p.168)
1. attendre/*You must wait here.*
2. visiter/*You can visit the castle.*
3. rester/*I must stay at home.*
4. faire/*I try to do sport every day.*
5. faire/*I'm preparing the ingredients to make an omelette.*

3.2 Verbs: the present tense (p.169)
1. tu habites *you live, you are living*
2. on descend *we go down, we are going down*
3. nous décidons *we decide, we are deciding*
4. vous finissez *you finish, you are finishing*
5. elles attendent *they (f) wait, they (f) are waiting*

3.3 Verbs: the perfect tense (p.170)
1. Tu as aidé *I helped, I have helped*
2. On a bu *we (one) drank, we have (one has) drunk*
3. Nous avons vu *we saw, we have seen*
4. Vous avez fait *you did (made), you have done (have made)*
5. Elle a pris *she took, she has taken*

1. Vous êtes nés *you (pl) were born*
2. Elle est venue *she came, she has come*
3. Ils sont retournés *they returned, they have returned*
4. Nous sommes montés *we went up, we have gone up*
5. Tu es arrivée *you arrived, you have arrived*

3.4 Verbs: the imperfect tense (p.170)
1. I was doing my homework.
2. I was playing cards with friends.
3. I was eating a hamburger at MacDonalds.
4. I was having a shower.
5. I was at the cinema.

3.5 Verbs: the near future tense (p.171)
1. Je vais manger …
2. Tu vas faire …
3. Il va aller …
4. Nous allons sortir …
5. Vous allez jouer …

3.6 Verbs: the future tense (p.171)
1. You will be working in Africa.
2. You will buy a Ferrari.
3. You will get married at the age of 30.
4. You will have five children.
5. You will go around the world.

3.7 Verbs: the conditional tense (p.171)
Students give their own answers.

3.8 Verbs: reflexive verbs (p.172)
1. Tu t'amuses *You enjoy yourself*
2. Il se lève *He gets up*
3. Elle s'appelle *She is called*
4. On se lave *we wash/one washes*
5. Ils s'arrêtent *They (m) stop*

4.1 Questions: question words (p.172)
1. Paris
2. Le 21 juin
3. Muriel
4. En voiture
5. De Londres

Examples
1. Tu arrives à quelle heure?
2. À quelle heure est-ce que tu pars?
3. Qu'est-ce que tu préfères manger?
4. Pourquoi est-ce que tu va à Paris?
5. Comment voyages-tu?

4.2 Questions: intonation (p.173)
Examples
1. (Est-ce que) tu aimes le fromage?
2. (Est-ce que) tu as un frère?
3. (Est-ce que) tu regardes 'Grandstand'?
4. (Est-ce que) tu joues au basket?
5. (Est-ce que) tu as visité Londres?

1. quelle
2. quel
3. quels
4. quelles
5. quel

5.1 Negatives: 'ne … pas' (p.173)
1. Je ne vais pas à la plage.
2. Je n'ai pas de stylo.
3. Je n'ai pas de coca.
4. Je n'ai pas fait mes devoirs.
5. Je ne suis pas arrivé à l'heure.

5.2 Negatives: other negatives (p.174)
1. I drank nothing/I didn't drink anything.
2. There is neither a cinema nor a pool in the town.
3. I have no idea.
4. I have only €10.
5. I have never been to Belgium.

6.1 Adjectives: regular adjectives (p.174)
1. petite
2. intelligent
3. fermés

4 amusantes
  5 animée

6.2 Adjectives: irregular adjectives (p. 175)

  1 heureuse
  2 italiens
  3 actives
  4 gentille
  5 intelligente

6.3 Adjectives: beau, nouveau, vieux (p.175)

  1 nouvelle
  2 vieux
  3 belle
  4 vieilles
  5 bel (homme)

6.4 Adjectives: position of adjectives (p.175)

  1 des filles intelligentes
  2 un autre ballon
  3 une petite rue
  4 des maisons énormes
  5 des vieilles chaussettes

6.5 Adjectives: comparative and superlative (p.175)

  1 Marie is less tall than Paul.
  2 I am more cool than Paul.
  3 Who is the most stupid boy in the class?
  4 Speak more slowly, please.
  5 She left as quickly as possible.

6.6 Adjectives: 'this', 'these' (p.176)

  1 ces
  2 ce
  3 cet
  4 ce
  5 cette

6.7 Adjectives: possessive adjectives (p176)

  1 notre père
  2 tes parents
  3 sa sœur
  4 sa sœur
  5 votre mère

7.1 Pronouns: subject pronouns (p.176)

  1 vous
  2 tu
  3 vous
  4 tu
  5 vous

7.2 Pronouns: object pronouns (p.177)

  1 Where's the cake? *We ate it.*
  2 Have you got your homework? *No, I left it at home.*
  3 Have you seen this film? *Yes, I've seen it.*
  4 Did you talk to the teacher? *Yes, I talked to him/her.*
  5 Have they got money? *Yes, I gave them €30.*

7.5 Pronouns: pronouns after prepositions (p.177)

  1 chez moi
  2 avec elle
  3 avec eux
  4 chez nous
  5 avec toi / vous

8.1 Prepositions: prepositions (p.177)

  1 in front of the post office
  2 (on) the other side of the rue Victor Hugo
  3 opposite the stadium
  4 on bus number 4
  5 under the bridge

8.2 Prepositions: 'à' (p.178)

  1 au cinéma
  2 à la piscine
  3 aux magasins
  4 aux restaurants
  5 au marché

8.3 Prepositions: 'to' or 'in' with names of places (p.178)

  1 en
  2 au
  3 à
  4 en
  5 au

Module 1: Études

(Student's Book pages 6–19)

Unit	Main topics and objectives	Grammar	Key language
Déjà vu (pp. 6–9)	Classroom language School subjects you like/dislike Telling the time	Definite/indefinite/possessive articles *le, la, les* *un, une, des* *mon, ma, mes* Present tense *-er* verb endings	*Que veut dire … en anglais?* *Répétez, s'il vous plaît.* *Je ne sais pas.* *Je ne comprends pas.* *Comment dit-on … en français?* *C'est correct?* *Je peux avoir (un crayon) s'il vous plaît?* *Tu peux me prêter (une règle), s'il vous plaît?* *J'ai oublié (mon cahier).* *Je n'ai pas de (livre).* *J'adore/J'aime/Je n'aime pas/Je déteste (l'allemand).* *Il est (huit) heures.*
1 Emploi du temps (pp. 10–11)	Talking about your timetable Giving reasons for liking/disliking school subjects Saying for how long you have been learning something	*Depuis – J'apprends le français depuis 4 ans* Adjectives	*Mon collège s'appelle …* *Le collège commence/finit à …* *La pause de midi/un cours dure combien de temps?* *Comme matières j'ai …* *J'aime (les maths) car …* *le prof est trop (sévère).* *Je suis fort(e)/faible en …* *C'est (facile).* *À quelle heure commence …?* *Il y a une récréation à quelle heure?* *J'apprends (le français) depuis … ans.*
2 Mon collège (pp. 12–13)	Describing a school Giving opinions about school uniform Saying what you are allowed to wear to school	*Il faut/il est interdit de/on a le droit de* + inf.	*Je suis pour/contre l'uniforme scolaire parce que …* *c'est (démodé).* *Il faut porter l'uniforme scolaire.* *On a le droit de (porter des baskets).* *On n'a pas le droit d'(avoir des piercings).* *Il est interdit de/d' …* *J'aime porter …*
3 Après le collège … (pp. 14–15)	Talking about further education plans	The near future tense with *aller* + inf.	*Je vais passer mes examens en juin.* *Je vais (quitter le collège).* *J'espère (continuer mes études).* *Il/Elle va aller au lycée technique.* *D'abord … Après … Ensuite …*
Entraînez-vous (pp. 16–17)	Speaking practice and coursework	Revision of: Past, present and future tenses *Il est interdit* + inf. *Je vais* + inf. Definite/indefinite/possessive articles	
À toi! (pp. 146–7)	Self-access reading and writing Describing a school Comparing schools in UK and France Talking about future plans Talking about a school trip	Adjectives *Aller* + inf. Past, present and future tenses	

MODULE 1 ÉTUDES

Déjà vu

(Student's Book pages 6–9)

Main topics and objectives

Classroom language
School subjects you like/dislike
Telling the time

Grammar

- Definite/indefinite/possessive articles *le, la, l', les, un, une, des, mon, ma, mes*
- Present tense *-er* verb endings

Key language

Que veut dire … en anglais?
Répétez, s'il vous plaît.
Je ne sais pas.
Je ne comprends pas.
Comment dit-on … en français?
C'est correct?
Je peux avoir un crayon/un bic/une gomme/un stylo s'il vous plaît?
Tu peux me prêter une règle, s'il vous plaît?
J'ai oublié mon cahier.
Je n'ai pas de livre.
J'adore/J'aime/Je n'aime pas/Je déteste …
l'allemand/l'anglais/l'histoire/l'informatique/ la géographie/la musique/la technologie/le dessin/ le français/le sport/les maths/les sciences
Il est (huit) heures.

Resources

Cassette A, side 1
CD1, track 2
Cahier d'exercices, pages 2–9
Grammaire 2, page 167 and 3.2, page 168

Suggestion

Use pictures a–f on p.6 to present the six key classroom language phrases.

1a Faites correspondre la phrase et l'image.

Reading. (1–6) Students match each picture with the right instruction.

Answers

| 1 b | 2 c | 3 a | 4 d | 5 e | 6 f |

1b Identifiez l'image.

Listening. (1–6) Students listen to the recording and choose the correct picture for each speaker.

Tapescript

1 Répétez s'il vous plaît.
2 C'est correct?
3 Je ne comprends pas.
4 Comment dit-on 'help!' en français?
5 Je ne sais pas.
6 Que veut dire 'requin' en anglais?

Answers

| 1 a | 2 f | 3 b | 4 e | 5 c | 6 d |

Suggestion

Collect a set of objects from students in the class by saying: *Tu peux me prêter un stylo? Je peux avoir un cahier?* and so on, until you have a set of all the classroom objects needed. Then use them to present and practise the names of the objects and these phrases:

Je peux avoir … ?, J'ai oublié, je n'ai pas de …, tu peux me prêter … ?

2a Identifiez l'image.

Listening. (1–6) Students listen to the recording and write down the letter of the corresponding picture.

Tapescript

1 Madame, j'ai oublié ma gomme.
2 Monsieur, je n'ai pas de stylo.
3 J'ai oublié mon cahier de français.
4 Tu peux me prêter un crayon, s'il te plaît?
5 Je n'ai pas de règle, mademoiselle.
6 Madame, je n'ai pas de livre.
7 Je peux avoir un bic, s'il vous plaît, monsieur?

Answers

| 1 f | 2 a | 3 d | 4 b | 5 g | 6 e | 7 c |

2b Faites correspondre la phrase et l'image.

Reading. (1–7) Students match each phrase with the right picture.

Answers

| 1 b | 2 g | 3 d | 4 e | 5 a | 6 f | 7 c |

2c À deux. En français:

Speaking. Working in pairs, students practise the dialogue in French, replacing the pictures with words. They take turns to play each role.

Suggestion

Use pictures a–l to present the school subjects. You could make an OHT of the symbols.

3a Identifiez les symboles.

Reading. (a–l) Students match each symbol with one of the school subjects from the Key vocabulary box.

15

ÉTUDES

MODULE 1

Answers

a l'anglais	b le dessin	c le français	d l'allemand
e la technologie	f la géographie	g l'histoire
h l'informatique	i les maths	j la musique
k les sciences	l le sport

3b Copiez et complétez la grille en français.

Listening. (1–8) Having copied the grid, students listen to the recording and, in French, they fill in those school subjects each speaker likes and dislikes.

Tapescript

1 J'aime l'anglais et le dessin, mais je n'aime pas la technologie.
2 J'adore les maths, mais je n'aime pas le français.
3 Je déteste la musique parce que c'est ennuyeux, mais j'aime les sciences et le sport.
4 J'adore le français, mais je déteste l'allemand.
5 Je n'aime pas tellement l'histoire. Par contre, j'aime beaucoup la géographie.
6 J'aime l'informatique, c'est génial. Mais je n'aime pas les maths.
7 Ce que je déteste, c'est les sciences et la technologie. J'adore les langues, surtout l'anglais et l'allemand.
8 J'adore l'éducation physique. Je n'aime pas l'histoire, et je déteste le dessin.

Answers

	1	2	3	4
☺	l'anglais dessin	maths	sciences EPS	le français
☹	EMT	français	musique	l'allemand

	5	6	7	8
☺	géo	l'informatique	les langues l'anglais l'allemand	l'éducation physique
☹	histoire	les maths	sciences et technologie	histoire dessin

3c À deux. Posez la question et donnez une réponse pour chaque symbole.

Speaking. Working in pairs, students take turns to ask *Tu aimes … + subject?*, working through the phrases listed in the Key vocabulary box. The partner answers by giving his/her opinion.

Draw your students' attention to the Top Tip box.

3d Écrivez votre opinion sur chaque matière.

Writing. Students write a sentence for each of the subjects in the Key vocabulary box.

4a Notez l'heure.

Listening. (1–10) Students listen to the recording and note each time (of the clock) in figures.

Tapescript

1 Il est huit heures.
2 Le film est à onze heures.
3 Mon collège commence à neuf heures.
4 [TTTRRRING alarm clock] Ah non … il est six heures et demie.
5 Il est dix heures et quart, allez, il faut partir.
6 Il est midi moins le quart.
7 On va manger à une heure dix, ça va?
8 Il est trois heures moins vingt déjà, allez, dépêchez-vous!
9 Levez-vous, levez-vous les enfants, il est sept heures et quart.
10 'Il est deux heures.' 'Quoi? Il est douze heures?' 'Non, il est deux heures.'

Answers

| 1 8h00 | 2 11h00 | 3 9h00 | 4 6h30 | 5 10h15 | 6 11h45 |
| 7 1h10 | 8 2h00 |

4b Faites correspondre l'heure et la phrase.

Reading. (1–8) Students match each clock with one of the times listed.

Answers

| 1 g | 2 c | 3 b | 4 f | 5 d | 6 a | 7 e | 8 h |

4c À deux. Notez 5 heures EN SECRET. Dites les heures à votre partenaire en français. Votre partenaire note les heures. Comparez vos résultats.

Speaking. Students create their own answer-gap activity.

Suggestion

Demonstrate the activity in front of the class, with yourself and a student partner, before getting your students to work in pairs.

Ask your students to work in pairs. Each student writes down, five different times (of the clock), keeping them hidden from his/her partner. One partner reads his/her five chosen times to the other, who writes them down in figures. This partner then reads his/her chosen times out to the first partner, who notes them down. Students then compare answers to see if they have understood the times correctly.

MODULE 1 ÉTUDES

Emploi du temps

(Student's Book pages 10–11)

Main topics and objectives
- Talking about your timetable
- Giving reasons for liking/disliking school subjects
- Saying for how long you have been learning something

Grammar
- Depuis – *J'apprends le français depuis 4 ans.*

Key language
Mon collège s'appelle …
Le collège commence/finit à …
La pause de midi/un cours dure combien de temps?
Comme matières j'ai …
J'aime (les maths) car …
le prof est trop sévère/sympa/cool.
Je suis fort(e)/faible en …
C'est facile/difficile/ennuyeux(euse)/intéressant(e).
À quelle heure commence …?
Il y a une récréation à quelle heure?
J'apprends (le français) depuis … ans.

Resources
Cassette A, side 1
CD 1, track 3
Cahier d'exercices, pages 2–9
Grammaire 3.2, page 169

Suggestion
Use the timetable on p.10 (or an OHT of your own school's timetable) to introduce the language needed to talk about the school day. Ask questions like:

Les classes commencent à quelle heure?
Un cours dure combien de temps?
Qu'est-ce qu'il y a le mardi à 14h?
and so on.

1a Copiez et complétez pour le collège de Flore.

Reading. (1–8) Students copy and complete the sentences according to the information given in the timetable shown.

Answers

1 CES Jules Verne
2 8h, 17h
3 10h
4 12h15
5 quatre, trois
6 60
7 mercredi, dimanche
8 anglais, français, espagnol, biologie, chimie, physique, maths, histoire-géo, musique, dessin, technologie, EPS

R Students write out their own timetable in French.

1b Écoutez l'interview sur un autre collège en France. Complétez les mêmes huit phrases en français.

Listening. (1–8) Students listen to the recording and complete the same eight sentences as in activity 1a. They do not need to write out the sentences, but they note the answers in French.

Tapescript
– *Eh bien, Anne-Claire, comment s'appelle ton collège?*
– *Mon collège s'appelle le Collège Hugo, H–u–g–o.*
– *Et le collège commence et finit à quelle heure?*
– *On commence à huit heures et quart, et on finit à quatre heures et demie normalement.*
– *Il y a une récréation à quelle heure?*
– *La récré est à dix heures et quart.*
– *La pause de midi est à quelle heure?*
– *On déjeune à midi et demie.*
– *Tu as combien de cours par jour?*
– *Il y a six cours par jour dans notre collège, quatre cours le matin et deux cours l'après midi.*
– *Et les cours durent combien de temps?*
– *Les cours durent une heure.*
– *Quels jours vas-tu au collège?*
– *Chez nous, on va au collège tous les jours sauf le samedi et le dimanche. On a changé pour donner un week-end complet aux élèves et aux profs.*
– *Quelles sont tes matières?*
– *Mes matières obligatoires sont le français, les maths, l'histoire, la géographie, l'anglais et le sport. Je fais aussi de la musique et de l'EMT.*
– *Qu'est-ce que c'est, exactement, l'EMT?*
– *C'est la technologie.*

Answers

1 Collège Hugo **2** 8h15, 4h30 **3** 10h15 **4** 12h30 **5** 4, 2 **6** 1h **7** samedi, dimanche **8** français, maths, histoire, géo, anglais, EPS, musique, technologie (EMT)

1c Répondez à ces questions pour votre collège.

Writing. Students answer the questions for their own school.

Encourage them to use the framework sentences of activity 1a to answer in correct sentences.

1d À deux. Préparez cette conversation en français.

Speaking. Working in pairs students prepare the conversation in French.

17

ÉTUDES

MODULE 1

2a Pourquoi préférez-vous certaines matières? Faites correspondre les raisons et les images.

Reading. (1–10). Students match each reason for liking a school subject with the correct picture.

Answers

| 1 e | 2 j | 3 b | 4 g | 5 c | 6 h | 7 a | 8 d | 9 f | 10 i |

2b Flore parle de ses matières. Copiez la grille. Complétez en français.

Listening. (1–5) Having copied the grid, students listen to the recording and fill in the opinion of each subject, and the reason given.

Tapescript

1 – Au collège, ma matière préférée, c'est le dessin. J'aime le dessin parce que le professeur est très sympa et les cours sont intéressants.
2 – J'aime aussi l'EPS. Je suis sportive et j'adore le rugby et le basket.
3 – Je n'aime pas tellement les sciences, surtout la physique. Je trouve ça très difficile, et en plus je suis plutôt faible en sciences.
4 – Quant à l'histoire-géo, c'est assez intéressant mais on a souvent trop de devoirs: 2 ou 3 heures par semaine, c'est fatigant.
5 – L'anglais est très bien. Notre professeur est très bizarre et j'adore écouter la cassette (des cassettes?) et parler anglais en classe. L'anglais, c'est extra.

Answers

	Matière	Opinion + raisons
1	le dessin	✔ prof sympa, intéressant
2	EPS	✔ sportive
3	sciences	✘ difficile faible
4	histoire-géo	✘ trop de devoirs
5	l'anglais	✔ prof bizarre

R Students simply draw ✔ or ✘ for each subject.

2c Écrivez ces phrases en français:

Writing. Students replace the symbols with words and generate sentences.

Answers

a J'aime les maths car le prof est sympa est c'est intéressant.
b J'aime les sciences car je suis fort(e) en sciences.
c Je n'aime pas l'EMT/la technologie car c'est ennuyeux et difficile.
d Je n'aime pas l'anglais car je suis faible en anglais et j'ai trop de devoirs.
e J'aime le français car c'est facile et c'est très utile.
f Je n'aime pas le sport car le prof est trop sévère.

+ Students write their own opinion of all their school subjects giving a reason for each opinion.

3a Écrivez la langue et depuis quand ils l'apprennent.

Listening. (1–5). Students listen to the recording and write down the language and the number of years each speaker has been learning. Although some of the languages are new vocabulary, they are cognates and students should make a stab at writing them down in French.

R Write the five languages on the board, but not in the order in which they occur on the recording.

Tapescript

1 J'apprends l'anglais depuis 5 ans.
2 J'apprends l'italien depuis 4 ans.
3 J'apprends l'espagnol depuis 6 ans.
4 J'apprends le latin depuis 2 ans.
5 J'apprends le français depuis 3 mois.

Answers

1 anglais – 5 ans
2 italien – 4 ans
3 espagnol – 6 ans
4 latin – 2 ans
5 français – 3 mois

3b Vous apprenez ces matières depuis quand? Dites-le en français.

Speaking. Students say for how long they have been learning each subject, according to the information given.

For example: *J'apprends le français depuis 4 ans.*

+ Students write out the sentences.

18

MODULE 1 ÉTUDES

2 Mon collège

(Student's Book pages 12–13)

Main topics and objectives

- Describing a school
- Giving opinions about school uniform
- Saying what you are allowed to wear to school

Grammar

- *Il faut/il est interdit de/on a le droit de* + inf.

Key language

*Je suis pour/contre l'uniforme scolaire parce que …
c'est démodé/pratique/confortable/plus chic.
Il faut porter l'uniforme scolaire.
On a le droit de porter des baskets/du maquillage/des bijoux.
On n'a pas le droit d'avoir des piercings/les cheveux bizarres.
Il est interdit de/d' …
J'aime porter …*

Resources

Cassette A, side 1
CD 1, track 4
Cahier d'exercices, pages 2–9
Grammaire 3.1, page 168

Suggestion

Tell students that many schools in France have their own website which they might like to look at.

1a Copiez les 12 mots soulignés dans le texte. Trouvez la définition. (The first six definitions are in English, the rest are explained in French.)

Reading. Students list the 12 words which are underlined in the text, and match them with the 12 definitions.

Answers

1 Il est interdit de …	7 une bibliothèque
2 rentrée	8 voyages scolaires
3 cours de récréation	9 mixte
4 une retenue	10 laboratoires
5 demi-pensionnaires	11 une cantine
6 club d'échecs	12 atelier théâtre

1b Flore parle de son collège. Répondez aux questions en anglais.

Listening. (1–8) Students listen to the recording and answer the questions in English. Go through the questions first so that your students know what information they are listening for.

Tapescript

– Mon collège est un collège mixte, où il y a des garçons et des filles.
– C'est un assez grand collège. Il y a 720 élèves, dont 340 demi-pensionnaires, c'est-à-dire qu'ils mangent à la cantine. Il y a 42 professeurs.
– Le collège est assez grand. Il y a 36 salles de classe, et aussi une grande bibliothèque et une très belle cantine où on mange à midi.
– On peut faire partie d'un club de judo après les cours. Il y a aussi un club de foot et un atelier théâtre.
– Depuis dix ans, il y a un échange entre notre collège et un collège en Irlande. On fait aussi un échange avec un collège en Espagne.
– L'année prochaine, la rentrée scolaire aura lieu le 5 septembre. Quelle horreur … J'aime bien mon collège, mais je préfère les vacances.
– Au collège, on n'a pas le droit de mâcher du chewing-gum.

Answers

1 mixed 2a b 42 c 340 3 36 4 36
5 a library and a canteen 6 judo, football and theatre
7 yes 8 chew gum

1c À deux. Lisez la conversation. Puis changez les détails pour parler de votre collège.

Speaking. Working in pairs, students change the underlined text to talk about their own school. Draw your students' attention to the Top Tip box.

✚ Students write out their answers.

2a Lisez les opinions de l'uniforme scolaire. Écrivez P (positif) ou N (négatif).

Reading. (1–7) Students read the opinions and decide whether each is positive (P) or negative (N).

2b Pour chaque opinion, écrivez POUR ou CONTRE l'uniforme. (1–7)

Listening. (1–7) Students listen to the recording and decide whether each person is FOR or AGAINST school uniform.

✚ Ask students to write down in French key words which helped them find their answers.

19

ÉTUDES

MODULE 1

Tapescript

1 À mon avis, l'uniforme scolaire est pratique et chic.
2 Moi, je préfère porter ce que je veux, parce que l'uniforme n'est pas du tout à la mode.
3 Je trouve que c'est absolument bête d'interdire aux élèves de porter du maquillage par exemple.
4 Quand j'ai fait un échange en Angleterre, j'ai remarqué que l'uniforme encourageait la bonne discipline dans les classes.
5 À mon avis, l'uniforme est une très bonne idée parce que c'est facile et on sait toujours quoi mettre.
6 Les élèves britanniques qui doivent porter l'uniforme ont l'air très démodé et même un peu ridicule!
7 J'aimerais bien porter un uniforme pour aller au collège. Je trouve ça très chic et pas cher.

Answers

1 pour	2 contre	3 contre	4 pour	5 pour
6 contre	7 pour			

2c Qu'est-ce que vous pensez de l'uniforme? Donnez votre opinion en français.

Speaking. Students use the phrases encountered in activities 2a and 2b to give their own opinion on school uniform. When students have practised their opinion, you could ask them to tell the class.

R Students make up six speech bubbles giving opinions about rules regarding dress in their own school.

3 Écrivez un paragraphe sur le règlement dans votre collège.

Writing. Using the sentence-generating box, students write about the rules in their own school.

+ Students make up a set of rules for their ideal school. For example: *Il faut manger de chewing-gum en classe.*

MODULE 1 ÉTUDES

3 Après le collège …

(Student's Book pages 14–15)

Main topics and objectives
- Talking about further education plans

Grammar
- The near future tense with *aller* + inf.

Key language
Je vais passer mes examens en (juin).
Je vais quitter le collège.
Je vais faire un apprentissage/mes études au lycée.
Je vais étudier six matières.
Je vais aller à l'université.
J'espère continuer mes études/être (ingénieur).
Il/Elle va aller au lycée technique.
D'abord … Après … Ensuite …

Resources
Cassette A, side 1
CD 1, track 5
Cahier d'exercices, pages 2–9
Grammaire 3.5, page 170

Suggestion
Use the diagram on p.14 to present the French school system. If you have a FLA, ask him/her to do this if possible. Familiarise students with how the system works, and explain *sixième*, *cinquième*, etc.

1a Qu'est-ce qu'ils vont faire après le collège? (1–5)

Listening. (1–5) Students listen to the recording and note down in French what each speaker's plans are.

Encourage students to look at the diagram for help with writing their answers.

Tapescript
1 Je vais faire un apprentissage. Je vais être apprenti dans un garage, j'espère.
2 Je vais aller au lycée pour passer mon bac.
3 Je vais aller au lycée technique.
4 J'espère faire une formation générale pour pouvoir travailler dans une banque plus tard.
5 Je vais faire un BEP secrétariat.

Answers
1 apprentissage/garage 2 lycée/bac 3 lycée technique
4 formation générale/banque 5 BEP secrétariat

1b Lisez la lettre de Flore. Remplissez les blancs avec un de ces verbes.

Reading. Students use the words given to fill in the blanks in the letter. This links in with the *Le Détective* box.

✚ Students write out in English the future plans of Flore from the letter.

Answers
faire/passer, quitter, continuer, étudier, passer/faire, aller, être

1c Écrivez ces phrases en français.

Writing. (1–5) Students write the five sentences in French. Draw their attention to the Top Tip box.

Answers
1 Elle va quitter le collège.
2 Il va continuer ses études.
3 Elle va être professeur.
4 Je vais passer mes examens l'année prochaine.
5 Je vais rester dans mon collège.

1d Préparez 2 ou 3 phrases sur ce que vous allez faire l'année prochaine. Joignez vos phrases avec: **d'abord** (*first of all …*); **après** (*afterwards …*); **ensuite** (*then …*)

Speaking. Students use what they have learned to talk about their own future plans in two or three sentences. Listen to a selection of students tell the class about what they hope to do. Draw their attention to the Top Tip box.

2 Lisez ces emails, copiez la fiche et notez les détails. Écrivez en français.

Reading. Students copy the headings on the form three times. Then they fill in each form for the three emails shown.

Answers
1 Nom: Alice K.
Adresse email: alice.k@caramel.com
Intentions: Partir en vacances/Reprendre ses études
2 Nom: Alex Genno
Adresse email: alex.genno@worldonline.fr
Intentions: Voyager autour du monde/Faire un apprentissage de plombier
3 Nom: Elsa P.
Adresse email: elsa.pr@aol.com
Intentions: Travailler dans un magasin/Continuer ses études à la fac

✚ Students imagine they are about to leave school. They write an email about what they plan to do. They should try to use some new phrases from the activity.

✚ Students draw and label a similar diagram to the one on page 14 of the Student's Book about the school system in their own area.

MODULE 1 ÉTUDES

Entraînez-vous

(Student's Book pages 16–17)

Speaking practice and coursework

À l'oral

Topics revised
- Classroom language
- Talking about school
- Talking about future plans

1 You are in a French lesson in your penfriend's school.

2 You are on your way to school with your French penfriend.

Role-play. Ask students to work in pairs. They can take turns to be the 'teacher', doing each role-play twice.

3 Presentation. Talk for 1 minute about your school. Make a cue card to help you remember what to say and include as many symbols as you want.

Speaking. Students prepare a one-minute talk on their school. Look at the cue card together and reconstruct the sort of thing the speaker might say. Then ask your students to prepare their own talk, using a similar cue card for help. Students can present their talk to their partner or a group. You could hear some talks in class, or ask students to record them on tape.

This can be:
- prepared in the classroom or at home;
- it can be recorded on tape;
- students can give their talk to a small group of other students; or
- certain students can be chosen to give their talk to the whole class.

The main thing is that students become used to speaking from notes, not reading a speech.

Questions générales

Speaking. These are key questions to practise for the oral exam, taken from the module as a whole. Students can practise asking and answering the questions in pairs. They should be encouraged to add as much detail as possible. It is often a good idea to write model answers together in class.

À l'écrit

Topics revised
- School subjects
- Describing your school
- Describing a school trip
- Giving your plans for the future

1 Read this letter about school subjects and then write a reply, using the letter as model.

Writing. Students adapt the model letter for themselves, putting in as much of their own information as they can.

2 Write an article in French about your school.

Writing. Students use the prompts to write about their own school in detail. They should also include ideas and information of their own.

MODULE 1 ÉTUDES

À toi!

(Student's Book pages 146–147)

Self-access reading and writing at two levels

1 Choisissez les bons mots pour compléter chaque phrase.

Reading. (1–12) Students read the interview with Anne-Claire and complete each of the sentences with one of the endings given on the right.

Answers

1	assistante de français
2	l'anglais, le commerce et l'espagnol
3	à Thurston en Angleterre
4	les profs et les élèves
5	sympa
6	différentes
7	l'uniforme scolaire
8	un jean et des baskets
9	répéter l'année scolaire
10	responsables de la discipline pendant la récréation
11	retourner en France
12	professeur d'anglais

2 Complétez les phrases.

Writing. Students copy and complete the sentences, using the correct form of the verb, by replacing the pictures with words.

Answers

1	aime, dessin
2	fait, histoire
3	commence, 11h10
4	mange, des frites
5	rentre, maison

3 Écrivez une lettre à Zoë. Répondez à toutes ses questions.

Students write a reply to the letter given.

Before asking your students to tackle the task, go through the letter with them, working out together which tense is needed to fulfil each part of the task. As this is a typical exam question, it includes use of the past tenses.

Suggestion

Students can look at pages 169–70 for help.

ÉTUDES

MODULE 1

Cahier d'exercices, page 2

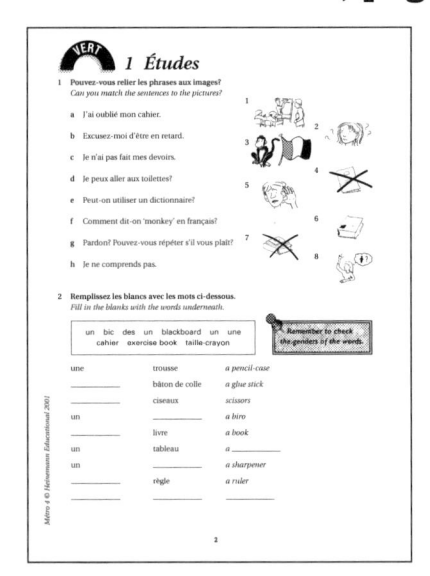

1
Answers

a 4 b 1 c 7 d 8 e 6 f 3 g 5 h 2

2
Answers

un des bic un blackboard taille-crayon une
un cahier = exercise book

Cahier d'exercices, page 3

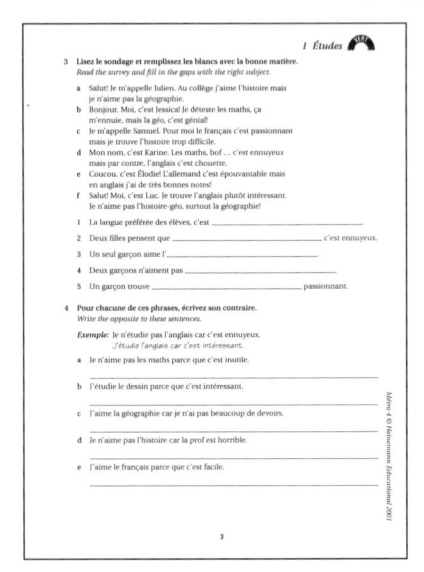

3
Answers

1 l'anglais 2 les maths 3 histoire 4 la géographie
5 le français

4
Answers

a J'aime les maths parce que c'est utile.
b Je n'étudie pas le dessin parce que c'est ennuyeux/intéressant.
c Je n'aime pas la géographie car j'ai beaucoup de devoirs.
d J'aime l'histoire car la prof est sympa.
e Je n'aime pas le français parce que c'est difficile.

Cahier d'exercices, page 4

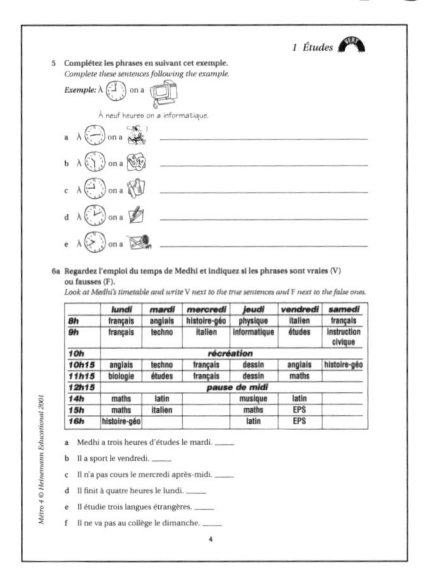

5
Answers

a À huit heures et quart on a espagnol.
b À dix heures et demie on a art dramatique.
c À midi moins le quart on a chimie.
d À midi dix on a dessin.
e À dix heures moins vingt on a EPS.

6
Answers

a F b V c V d F e V f V

ÉTUDES

MODULE 1

Cahier d'exercices, page 5

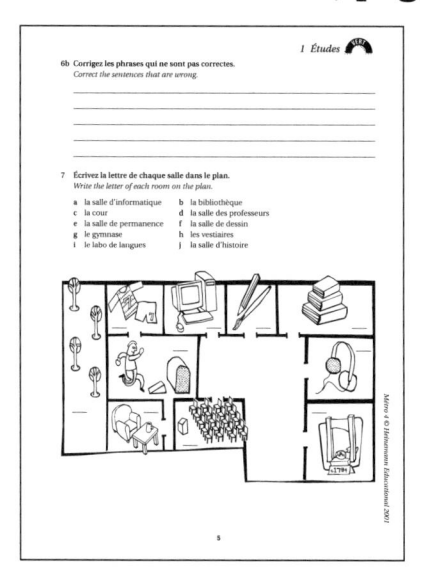

6b
Answers

a Medhi a une heure d'études le mardi.
d Il finit à cinq heures le lundi.

7
Answers (*from left to right*)

c school yard h changing room a computer room f art room b the library
g gym i language lab
d staff room e silent study room j history

Cahier d'exercices, page 6

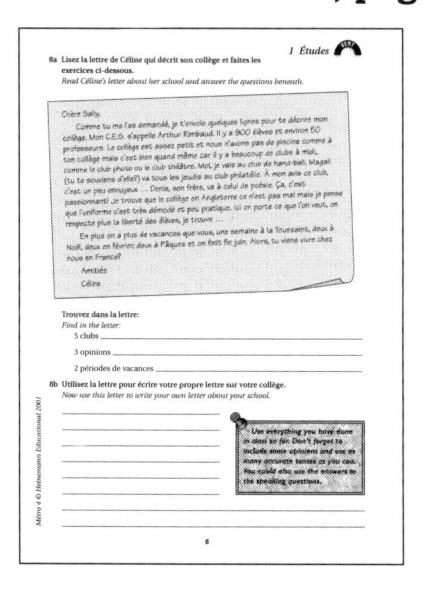

8a
Answers

5 clubs = club photo/club théâtre/club de hand-ball/club philatélie/club de poésie.
3 opinions = choose 3 from: bien/ennuyeux/passionnant/pas mal/démodé/peu pratique.
2 périodes de vacances: choose 2 from: la Toussaint/Noël/vacances de février/Pâques.

8b (writing task)

Cahier d'exercices, page 7

9
Answers

a 2 b 4 c 5 d 1 e 3

10 (writing task)

Cahier d'exercices, page 8

ÉTUDES

MODULE 1

1
Answers

> **a** Les (mes) **b** Ma/la **c** le/les **d** le (mon)/les **e** Mes **f** des/la

2
Answers

> There are many possible answers here. Accept:
> **a** Tu **vas** faire tes devoirs./pouvoir utiliser un dico.
> **b** Sophie **va** aller à son cours de piano./pouvoir utiliser un dico./écouter son nouveau CD.
> **c** Je **vais** aller à mon cours de français./pouvoir utiliser un dico.
> **d** Nous **allons** aller à notre cours de géo./pouvoir utiliser un dico./ aller à notre cours de musique.
> **e** Ils **vont** manger leurs sandwichs./pouvoir utiliser un dico./aller à leur cours de danse.
> **f** Jean et moi **allons** aller à notre cours de musique./pouvoir utiliser un dico./aller à notre cours de géo.
> **g** Elles **vont** aller à leur cours de danse./pouvoir utiliser un dico./manger leurs sandwichs.
> **h** Marc **va** écouter son nouveau CD./pouvoir utiliser un dico./aller à son cours de piano.
> **i** Agnès et toi **allez** aller à votre cours de maths./pouvoir utiliser un dico.
> **j** On **va** pouvoir utiliser un dico./aller à notre cours de géo./ aller à notre cours de musique.

Cahier d'exercices, page 9

Module 2: Chez moi

(Student's Book pages 20–33)

Unit	Main topics and objectives	Grammar	Key language

Déjà vu (pp. 20–23)	Listing family members
	Saying how many brothers and sisters you have
	Saying what pets you have and their colour
	Recognising dates and saying when your birthday is
	Spelling words out, including your name and home town.
		Possessive adjectives
		Plural forms of nouns
			Members of the family
			  Tu as (des frères)?
			  J'ai (deux sœurs).
			  Je n'ai pas de …
			  Il y a … personnes dans ma famille.
			Months of the year
			Je m'appelle …
			Ça s'écrit …
			J'habite …

1 Je vous présente ma famille (pp. 24–25)	Talking about your family Talking about what people look like	Irregular verbs Present tense of *avoir* and *être*	Je m'appelle … et j'ai … ans. Il/Elle s'appelle … et il/elle a … ans. J'ai/Tu as/Il/Elle a les cheveux (courts) et les yeux (bleus). Je porte/Tu portes/Il/Elle porte des lunettes. Je suis (petit(e)).
2 Comment êtes-vous? (pp. 26–27)	Describing personality Talking about family problems	Adjectival agreement Common irregular adjectives	Il/Elle est (amusant(e)) parce que … Je suis un peu/assez/très/vraiment/extrêmement … Je m'entends bien avec … J'en ai marre de … Mon meilleur(e) ami(e) est … Mon petit ami/ma petite amie idéal(e) est … Mon professeur préféré est …
3 Aider à la maison (pp. 28–29)	Talking about helping at home	Present tense of *faire* Negatives (*ne … pas; ne … jamais; ne … rien*)	Est-ce tu aides à la maison? Je sors la poubelle/Je range la chambre. Je mets/débarrasse la table. Je passe l'aspirateur Je fais la vaisselle. Je fais le ménage. Il/Elle fait les courses/lave la voiture. tous les jours/souvent/parfois/jamais
Entraînez-vous (pp. 30–31)	Speaking practice and coursework	Revision of: Possessive adjectives *son, sa, ses* Past, present and future tenses *Avoir* and *être* Common irregular adjectives Negatives Past, present and future tenses	
À toi! (pp. 148–149)	Self-access reading and writing Describing personality Describing your family Applying for a job as an 'au pair'	Adjectival agreement Common irregular adjectives Present tense of *avoir* and *être* Present tense of *faire* *Pouvoir* + inf.	

MODULE 2 CHEZ MOI

Déjà vu

(Student's Book pages 20–23)

Main topics and objectives

- Listing family members
- Saying how many brothers and sisters you have
- Saying what pets you have and their colour
- Recognising dates and saying when your birthday is
- Spelling words out, including your name and home town

Grammar

- Possessive adjectives
  mon, ma, mes, ton, ta, tes, son, sa, ses
- Plural forms of nouns

Key language

*Ma famille/mon père/mon grand-père/ma mère/
ma grand-mère/mon frère/ma sœur
Tu as des frères et des sœurs/un animal?
J'ai un chat/un chien/un cheval/un lapin/
un oiseau/un poisson/une souris.
Je n'ai pas de …
Il y a … personnes dans ma famille.
J'ai deux sœurs et un frère.
janvier/février/mars/avril/mai/juin/juillet/août/
septembre/octobre/novembre/décembre
Je m'appelle …
Ça s'écrit …
J'habite …*

Resources

Cassette A, side 1
CD1, track 6
Cahier d'exercices, pages 10–17
Grammaire 6.7, page 176 and 1.2, page 166

Suggestion

Use the picture on p.20 to recap key family members, brothers and sisters. Ask students the question *Tu as des frères et des sœurs?*

1a Faites correspondre l'image et le titre.

Reading. Students identify the members of the cartoon family 'The Simpsons'.

Answers

| a 7 | b 2 | c 4 | d 1 | e 3 | f 6 | g 5 |

1b Copiez et complétez la grille.

Listening. (1–8) Having drawn the grid, students listen to the recording and fill in the number of brothers/sisters each speaker has.

Tapescript

1 J'ai un frère, et j'ai une sœur.
2 J'ai deux sœurs, mais je n'ai pas de frères.
3 J'ai un frère et j'ai deux sœurs.
4 Je suis fille unique: je n'ai pas de frères, je n'ai pas de sœurs.
5 Je fais partie d'une grande famille: j'ai trois frères et quatre sœurs.
6 J'ai un frère mais pas de sœurs.
7 J'ai deux frères et je n'ai pas de sœurs.
8 Moi, j'ai une sœur, c'est tout.

Answers

| 1 1,1 | 2 0,2 | 3 1,2 | 4 0,0 | 5 3,4 | 6 1,0 | 7 2,0 | 8 0,1 |

1c Lisez la lettre. Copiez et complétez la fiche.

Reading. Having copied the form, students read the letter and complete the form in French.

Answers

Nom:	Beregi
Prénom:	Adrien
Parents:	Michel, Édith
Grand-parent(s):	Marthe
Frère(s):	Manu
Sœur(s):	Juliette, Elsa
Animaux:	non

Suggestion

Recap pet vocabulary by using the pictures on p.21. Practise with the question *tu as un(e)* + pet? and the answers *j'ai …* and *je n'ai pas de …*

2a Mettez les images dans le bon ordre.

Listening. (1–10) Students listen to the recording and write down the letter of the picture which corresponds to each speaker's pets.

Tapescript

1 J'ai une souris.
2 J'ai trois poissons.
3 J'ai un cheval.
4 J'ai deux chats et un chien.
5 J'ai un chat.
6 Je n'ai pas d'animal.
7 J'ai une souris et un oiseau.
8 J'ai un chien.
9 J'ai un chien et un lapin.
10 J'ai un poisson.

Answers

| 1 h | 2 c | 3 e | 4 b | 5 f | 6 d | 7 i | 8 a | 9 g | 10 j |

CHEZ MOI

MODULE 2

2b Écrivez une phrase en français pour chaque image.

Writing. Using the set of pictures from activity 2a, students write down what each person would say about his/her pets. Before they start, remind students about the grammar point regarding plurals.

Answers

> **a** J'ai un chien. **b** J'ai deux chats et un chien.
> **c** J'ai trois poissons **d** J'ai un oiseau **e** J'ai un cheval
> **f** J'ai un chat **g** J'ai un lapin et un chien
> **h** J'ai un souris **i** J'ai un oiseau et une souris
> **j** J'ai une poisson

2c Lisez les annonces. Copiez et complétez la grille en anglais.

Reading. Having copied the grid, students read each of the advertisements, and fill in the details in English.

Answers

	Pet	Description
1	cat	black and white
2	bird	blue and green
3	dog	big, brown, aged 9, called Hercule
4	rabbit	grey and white
5	mice	small, white x 5
6	bird	yellow, called Lulu

2d À deux. En français:

Speaking. Students work with a partner. Ask them to work through the conversation three times, taking it in turns to ask the questions. The first time through, they use the first set of answers. The second time through, they use the second set of answers. Then each partner should have a turn in giving their own personal answers to the questions (as indicated by the question mark). Ask your students to keep repeating the conversations, so they become increasingly fluent and faster.

Suggestion

Revise months by asking students to write them down from memory (without warning: it is not a test!) Then ask them to check their answers against the Key vocabulary box. Identify common errors with your class. Go through pronunciation and remind them about the lack of a capital letter.

3a Faites correspondre les dates.

Reading. Students copy out the French dates and match each date with the date in figures from the ones given.

Answers

le quatre mars	4/3
le dix-neuf janvier	19/1
le trente avril	30/4
le deux octobre	2/10
le premier août	1/8
le vingt-sept décembre	27/12
le vingt et un juin	21/6
le cinq mai	5/5
le trois septembre	3/9
le douze février	12/2
le treize novembre	13/11
le quinze juillet	15/7

3b Écrivez les 8 autres dates en français.

Writing. Students write out in French the eight dates left over from those used up in activity 3a.

Answers

> le dix-neuf avril
> le quatre juin
> le cinq juillet
> le vingt-trois janvier
> le quinze novembre
> le quatorze février
> le dix-sept août
> le trois novembre

3c Notez la date de leur anniversaire.

Listening. (1–8) Students listen to the recording and write down the birthday of each speaker. Encourage students to note down the beginning of the month as they hear the tape, then complete the correct spelling by looking back at the Key vocabulary box.

Tapescript

1 – Quelle est la date de ton anniversaire?
  – C'est le cinq janvier.
2 – Quelle est la date de ton anniversaire?
  – C'est le douze mai.
3 – Quelle est la date de ton anniversaire?
  – C'est le vingt et un novembre.
4 – Quelle est la date de ton anniversaire?
  – C'est le premier octobre.
5 – Quelle est la date de ton anniversaire?
  – C'est le deux mars.
6 – Quelle est la date de ton anniversaire?
  – C'est le quinze juin.
7 – Quelle est la date de ton anniversaire?
  – C'est le quatre septembre.
8 – Quelle est la date de ton anniversaire?
  – C'est le quatorze février.

Answers

> **1** le 5 janvier **2** le 12 mai **3** le 21 novembre
> **4** le 1er octobre **5** le 2 mars **6** le 15 juin
> **7** le 4 septembre **8** le 14 février

CHEZ MOI

MODULE 2

3d À deux. Notez 8 dates EN SECRET. Dites les dates à votre partenaire en français. Votre partenaire note les dates. Comparez vos résultats.

Speaking. Students create their own answer-gap activity.

You could demonstrate the activity at the front, with yourself and a student partner, before getting your students to work in pairs.

Ask your students to work in pairs. Each student writes down eight dates, keeping them hidden from his/her partner. One student reads his/her eight dates to his/her partner, who writes the dates down. The partner then reads his/her secret dates out to the first student, who notes them down. Students then compare answers to see if they have understood the dates correctly.

Suggestion

Recap the alphabet by writing the letters on the board in a circle. Go through the letters, emphasising the groups of letters which have the same sound:

Groups
- b c d g p t v w
- a h k
- e
- f l m n r s z
- i j x y
- o
- q u

Focus on: the vowels and their pronunciation; **a** and **r**; **g** and **j**.

4a Écoutez et répétez.

Listening. Students listen to the alphabet on recording and pronounce the letters after the speaker.

Tapescript

a b c d e f g h i j k l m n o p q r s t u v w x y z
b – c – d – g – p – t – v – w
f – l – m – n – r – s – z
a – h – k
i – j – x – y
q – u
e – o

4b Notez le nom des équipes de football françaises.

Listening. (1–10) Students listen to the recording and write down the name of the French football team which is spelled out from the list given.

Tapescript (Answers)

1 L-e-n-s
2 M-o-n-a-c-o
3 P-S-G
4 M-o-n-t-p-e-l-l-i-e-r
5 N-a-n-c-y
6 S-e-d-a-n
7 B-a-s-t-i-a
8 S-t-r-a-s-b-o-u-r-g
9 L-y-o-n
10 A-u-x-e-r-r-e

4c À deux. A tour de rôle, épelez le nom d'une équipe française. C'est quelle équipe?

Speaking. Ask students to work in pairs. One student spells out one of the teams from the list given, and his/her partner says which team it is. Then they change roles. After a while, encourage the partner who is listening to the spelling to guess the team without looking at the list for help.

5a Notez le nom des joueurs de foot français.

Listening. (1–8) Students listen to the recording and write down the name of the French football player which is being spelled.

Tapescript (Answers)

1 P-e-t-i-t
2 L-i-z-a-r-a-z-u
3 V-i-e-r-a
4 Z-i-d-a-n-e
5 H-e-n-r-i
6 B-a-r-t-h-e-z
7 D-e-s-c-h-a-m-p-s
8 L-e-b-œ-u-f

5b À deux. Répétez cette conversation. Remplacez les mots en caractères gras.

Speaking. In pairs, students practise repeating the conversation in the book, replacing the words in bold with their own details. They take turns to answer the questions. They should practise repeating it until they are able to do it fluently and with a good accent.

Suggestion

Set a time limit for the conversation, for example for both partners to ask and answer without errors in twenty-five seconds.

MODULE 2 CHEZ MOI

1 Je vous présente ma famille
(Student's Book pages 24–25)

Main topics and objectives
- Talking about your family
- Talking about what people look like

Grammar
- Irregular verbs
  Present tense of *avoir* and *être*

Key language
Je m'appelle … et j'ai … ans.
Il/Elle s'appelle … et il/elle a … ans.
J'ai/Tu as/Il/Elle a les cheveux courts/longs/blancs/gris/bruns/noirs/blonds/roux/une barbe
et les yeux bleus/verts/marron.
Je porte/Tu portes/Il/Elle porte des lunettes.
Je suis petit(e)/grand(e)/mince/gros(se).

Resources
Cassette A, side 1
CD 1, track 7
Cahier d'exercices, pages 10–17
Grammaire page 179

Suggestion
Recap physical descriptions using a student volunteer at the front of the class. Focus firstly on hair colour. Present the colour of the volunteer's hair, then other students in the class. Then do eyes, height and size. Get students to construct sentences using the words and pictures to describe people in the class. Work on differentiating *il* and *elle*, as well as the use of *avoir* and *être*.

1a Copiez et complétez.

Reading. Students read the letter and complete the sentences according to the information in the letter.

Answers
1. 14
2. bleus, bruns
3. Sylvie
4. blonds, courts
5. Belgique
6. beau-père
7. petit, un peu gros
8. Magali
9. son père (Christian)
10. Pierre, grand-père

1b Copiez et complétez la grille en français.

Listening. (1–4) Having copied the grid, students listen to the recording and fill in the details in French.

Suggestion
Before you start, clarify the meaning of the headings by getting suggestions for the type of answer which will be heard for each heading.

Tapescript
1 *Ma sœur s'appelle Audrey. Ça s'écrit A–u–d–r–e–y. Elle a 13 ans, et son anniversaire est le 4 juin. Elle a les yeux bleus et les cheveux roux. Elle est grande et assez grosse.*
2 *Mon père s'appelle Yves, Yves ça s'écrit Y–v–e–s. Mon père a 43 ans. Son anniversaire est le 25 décembre, le jour de Noël. Il n'a pas beaucoup de cheveux, mais ceux qu'il a sont gris! Il a les yeux bleus comme ma sœur. Il est grand et il porte des lunettes pour regarder la télé.*
3 *Ma mère est morte. Marthe, c'est ma belle-mère. Marthe, ça s'écrit M–a–r–t–h–e. Elle est plus âgée que mon père, elle a 45 ans. Son anniversaire est le 18 janvier. Elle est petite, aux cheveux marron et aux yeux verts.*
4 *Mon beau-frère s'appelle Boris. Il a les cheveux blonds et les yeux marron. Il est assez grand pour son âge. Il a 16 ans et son anniversaire est le 9 avril. Il adore le rock.*

Answers

	Prénom	Qui?	Âge	Anniversaire	Cheveux	Yeux	Taille	Autres détails
1	Audrey	sœur	13 ans	4/6	roux	bleus	grande	assez grosse
2	Yves	père	43 ans	25/12	gris	bleus	grand	porte des lunettes
3	Marthe	belle-mère	45 ans	18/1	marron	verts	petite	plus âgée que son mari
4	Boris	beau-frère	16 ans	9/4	blonds	marron	assez grand pour son âge	adore le rock

R Students copy out the form and fill it in, in French, for four of their friends.

1c À deux. Choisissez une personne dans la classe. Décrivez la personne à votre partenaire. C'est qui?

Speaking. Working in pairs, one student describes a class member, and his/her partner guesses who is being described. Then they change roles. After a while, ask one or two students to describe to the whole class so that everyone can try to guess who is being described.

+ Use the sentence-generating grid on page 24 of the Student's Book to write descriptions of some people in the class.

2a C'est quel membre de la famille? Choisissez la bonne réponse.

Reading. Students use logic to work out the family relationships.

31

CHEZ MOI   MODULE 2

Answers

1	tante
2	sœur
3	demi-frère
4	oncle
5	cousin
6	grand-mère

✚ Students make up some more sentences (with multiple choice answers) and give them to somebody in the class to try.

2b À deux. En français:

Speaking. Students work with a partner. Ask them to work through the conversation three times, taking it in turns to ask the questions. The first time through, they use the first set of answers. The second time through, they use the second set of answers. Then each partner should have a turn in giving their own personal answers to the questions (as indicated by the question mark). Ask your students to keep repeating the conversations, so they become increasingly fluent and faster.

2c Choisissez deux membres de votre famille. Pour chaque personne, écrivez une description en français.

Writing. Students write descriptions in French of two family members. Encourage them to use the grid on page 24 and the expressions from activity 1b, page 25 of the Student's Book, in their work.

Draw your students' attention to the Top Tip box.

2 Comment êtes-vous?

(Student's Book pages 26–27)

Main topics and objectives
- Describing personality
- Talking about family problems

Grammar
- Adjective agreement
  Il est amusant
  Elle est amusante
  Ils sont amusants
  Elles sont amusantes
- Common irregular adjectives
  Il est paresseux/travailleur.
  Elle est paresseuse/travailleuse.

Key language
Il/Elle est …
amusant(e)/timide/bavard(e)/poli(e)/gentil(le)/sévère/cool/
travailleur(euse) parce que …
Je suis un peu/assez/très/vraiment/extrêmement …
Je m'entends bien avec …
J'en ai marre de …
Mon meilleur(e) ami(e) est …
Mon petit ami/ma petite amie idéal(e) est …
Mon professeur préféré est …

Resources
Cassette A side 1
CD 1, track 8
Cahier d'exercices, pages 10–17
Grammaire 6.1, page 174

1a Nicolas décrit la personnalité des membres de sa famille. Notez les adjectifs en français.

Listening. (1–5) Students listen to the recording and write down the adjectives they hear used for each person. It is not necessary to worry about masculine/feminine forms at this stage.

Tapescript:
1 Moi, Nicolas, je suis cool et plein de vie, mais aussi paresseux.
2 Sylvie, ma mère, elle est sympathique, et très très gentille.
3 Mon beau-père, Christian, est assez sévère, calme et drôle.
4 Magalie, ma demi-sœur, est aimable mais aussi trop bavarde et impatiente.
5 Pierre, le bébé, est casse-pieds!

Answers
1 cool/plein de vie/paresseux
2 sympa/gentille
3 assez sévère/calme/drôle
4 aimable/trop bavarde/impatiente
5 casse-pieds

✚ Using each of the adjectives in turn, write a sentence about somebody you know who has that quality, for example: *Rolf Harris est aimable.*

✚ Make a spider diagram with JE SUIS in the middle, and your own personal qualities round the outside. Use the dictionary to find some new adjectives if you wish.

1b Faites deux listes: adjectifs positifs/adjectifs négatifs. Catégorisez les adjectifs.

Reading. Students categorise adjectives as positive or negative traits. Note that the answers depend on the students' own views.

2a Écrivez des phrases correctes.

Writing. Students write a sentence to go with each picture and adjective combination. Before they start, remind your students about *il/elle est* and *ils/elles sont*. Be severe with the correction of the adjective endings.

Answers
1 elle est amusante 2 elles sont timides 3 ils sont bavards 4 ils sont polis 5 elles sont gentilles
6 elle est sévère 7 il est cool 8 elle est travailleuse

2b En groupe. Monsieur Manet est …?

Speaking. Students work in a group of 4 to 5 people. This is a memory game, in which each student adds an adjective on to the list describing Monsieur Manet. Challenge the class to see which group can get the longest memorised list in a given time.

2c Complétez ces phrases. Utilisez des adjectifs.

Writing. Students complete each sentence using adjectives with the correct endings. Encourage students to use at least three adjectives for each person. They can continue on with other people too if they wish (e.g., classmates; family members; famous people).

CHEZ MOI — MODULE 2

3a Ces phrases sont fausses. Changez les mots soulignés pour corriger les phrases.

Reading. After reading the problem page letter, students copy out each sentence and change the underlined part so that the sentence is true.

Answers

| 1 père 2 de l'humour 3 mère 4 la semaine |
| 5 n'aime pas 6 jeune 7 petit copain |

➕ Using the letter as a model, students write a problem page letter of their own.

3b Choisissez trois phrases pour répondre à la lettre d'Élise. Écrivez votre résponse.

Writing. Ask students to summarise Élise's problem for the whole class before proceeding with this exercise. Students choose which three pieces of advice they think are most appropriate, and write them down in a letter of reply to the problem page letter. Ask students to work out what all the pieces of advice mean before choosing the three they think most appropriate. There is no correct answer.

R Go through the proposed solutions with your class, working out what they mean.

3c Décidez si la personne est heureuse ou malheureuse, et, si possible, pourquoi.

Listening. (1–5) Students listen to the recording and draw a happy or sad face for each person, according to what each speaker says. They also note in French the reason for the happiness/sadness.

R Students simply draw ☺ or ☹

Tapescript

1 Pour moi, ça va très bien à la maison, parce que mes parents sont très très sympa, et je peux leur parler de mes problèmes.

2 Je ne m'entends pas bien avec mon frère. Il me critique tout le temps, 'tu es trop grosse', 'tu manges trop de bonbons', 'tu es bête' …, il est vraiment casse-pieds.

3 Moi, j'aimerais bien avoir un petit chien, mais mes parents refusent de me donner la permission d'avoir un animal. Je suis vraiment triste à cause de ça.

4 À la maison, il n'y a pas de problèmes. Toute la famille a un bon sens de l'humour, et quand il y a des problèmes, on discute ensemble et on ne se dispute pas.

5 Je ne suis pas très content en ce moment, parce que mes parents sont en train de divorcer, et il y a beaucoup de disputes tous les jours entre eux.

Answers

| 1 ☺ parents sympa 2 ☹ frère casse-pieds |
| 3 ☹ voudrait un chien 4 ☺ famille a sens de l'humour |
| 5 ☹ parents divorcent |

3d Écrivez la lettre de Mark en français. Adaptez la lettre d'Élise.

Writing. Students produce a problem page letter from Mark by translating the given letter. Draw your students' attention to the Top Tip box. After the task, point out to students that they can manipulate a given text to help them with coursework.

R Before starting the task, make an OHT of Élise's letter, and underline with your class the parts which need to be changed.

34

MODULE 2 CHEZ MOI

3 Aider à la maison

(Student's Book pages 28–29)

Main topics and objectives
- Talking about helping at home

Grammar
- Present tense of *faire*
- Negatives
  Ne … pas; ne … jamais; ne … rien

Key language
Est-ce tu aides à la maison?
Je fais le lit/du jardinage/la cuisine.
Je sors la poubelle/Je range la chambre.
Je mets/débarrasse la table.
Je passe souvent l'aspirateur
… tous les jours.
Je fais parfois la vaisselle.
Je ne fais jamais le ménage.
Il/Elle fait les courses/lave la voiture.

Resources
Cassette A, side 1
CD 1, track 9
Cahier d'exercices, pages 10–17
Grammaire page 179 and 5.1, page 173

Suggestion
Present household tasks using the grid on p.28 or by miming them. Introduce them with *je* and ask students questions using *tu*. Then read through the newspaper article together and ensure the meaning of *tous les jours* etc. is understood.

1a Complétez les phrases selon les résultats.

Reading. Students fill in the percentage for each sentence using the table in the magazine article.

Answers
| a 10% | b 5% | c 38% | d 59% | e 76% | f 0% | g 10% | h 12% |

➕ Make up some more statements and give them to somebody in the class to work out if they are true or false.

1b Lisez le sondage et trouvez le bon résumé.

Reading. Students find which paragraph summarises the table from the magazine article.

Answer
c

2a Écoutez le reportage sur une jeune fille au pair. Choisissez les bonnes images pour compléter ces phrases.

Listening. (1–7) Students listen to the recording and write down the letter(s) of the picture(s) which complete each sentence correctly.

Tapescript
1 *Julie Mann est anglaise. Elle travaille comme jeune fille au pair à Toulouse en France. Elle s'occupe d'un petit garçon de 4 ans.*
2 *Le lundi, elle fait le ménage dans toute la maison.*
3 *Le mardi, elle doit aller en ville pour faire les courses au supermarché.*
4 *Le jeudi, elle fait la cuisine, parce que les parents rentrent tard ce jour-ci.*
5 *Tous les jours, Julie a beaucoup à faire. Elle fait les lits et elle passe l'aspirateur. Elle doit aussi ranger la chambre du petit garçon.*
6 *Heureusement, le week-end, elle a du temps libre, et elle va au cinéma ou chez McDonald pour manger un hamburger.*
7 *Julie aime bien être jeune fille au pair, mais le travail est assez difficile, et très fatigant.*

Answers
| 1 b | 2 i | 3 j | 4 e | 5 a, g, d | 6 c, h | 7 f |

➕ Using the beginnings of sentences for help, write a report about a week in the life of a another au pair, called Georges.

2b Répondez aux questions en français.

Writing. Students write their own responses in sentences to these questions. Remind them about changing the infinitives at the top of the table in the magazine article, and to be careful with *ne … jamais*.

2c Faites un sondage dans votre classe sur le travail à la maison.

Speaking. Students carry out a survey about household jobs. Demonstrate the questioning and answering with a student.

Suggestion
Call the survey 'Mon mari/Ma femme idéal(e)'. Ask students to draw a 6 × 6 grid, and to draw five job symbols along the top for the five jobs they most dislike doing. Numbers 1 to 5 are written down the side.

Students work with a partner and ask their five questions. For example, *Est-ce que tu fais du jardinage? Est-ce que tu fais le lit?* etc.

35

CHEZ MOI — MODULE 2

The partner answers using *tous les jours/souvent/ parfois/ne ... jamais*, which is recorded in the grid. The partner then asks his/her questions and records the answers given. Then each student interviews someone else, until they have recorded five sets of answers.

For fun you can then advise students to 'score' each person:

tous les jours = 4 points
souvent = 3 points
parfois = 2 points
jamais = 1 point

The person they have interviewed with the highest total is their dream husband/wife.

✚ Students write up the results of the class survey using a table like the one in the magazine article (page 28; Student's Book). They fill in the number of people doing each task rather than a percentage.

2d Écrivez une lettre au magazine pour expliquer qui aide à la maison chez vous. Commencez comme ceci: *Je vous écris pour expliquer qui aide à la maison chez moi. Mon père ...*

Writing. Students write about who does what jobs in their family. Draw their attention to the Exam Tip box. Encourage them to use *tous les jours* etc. in their answer.

Module 2 — Entraînez-vous

(Student's Book pages 30–31)

Speaking practice and coursework

À l'oral

Topics revised
- Describing a friend
- Talking about helping at home
- Describing a hero/heroine

1 You are phoning your French penfriend to talk about your new boyfriend or girlfriend

2 You are talking with your French penfriend about helping at home.

Role-play. Ask students to work in pairs. They can take turns to be the 'teacher', doing each role-play twice.

3 Bring in a photo of someone you look up to and talk about them for 1 minute. Make a cue card to help you remember what to say.

Presentation. Students are to give a short talk about their hero/heroine.
This can be:

- prepared in the classroom or at home;
- it can be recorded on tape;
- students can give their talk to a small group of other students; or
- certain students can be chosen to give their talk to the whole class.

The main thing is that students become used to speaking from notes, not reading a speech.

Questions générales

Speaking. These are key questions to practise for the oral exam, taken from the module as a whole. Students can practise asking and answering the questions in pairs. They should be encouraged to add as much detail as possible. It is often a good idea to write model answers together in class.

À l'écrit

Topics revised
- Giving personal details
- Describing a friend

The À l'écrit sections provide preparation for possible coursework tasks. Students must be encouraged to treat all source material with caution.

1 You are looking for a penfriend. Copy out the form carefully, then fill in your own information. Write full sentences about your personality, family, school likes and dislikes, and your ideal penfriend.

Writing. Students complete the form about themselves. To gain higher marks in coursework, students have to write in full sentences, so encourage them to do this wherever possible in the task.

2 Write a discription of a friend.

Writing. Go through the pointers in the Student's Book with your students. You could tell them it will be easier to write about a male friend than a female one. The description of the outing requires the perfect tense, which is covered in the next unit.

MODULE 2 — À toi!

(Students' book pages 148–149)

Self-access reading and writing at two levels.

1a Dans le Tableau 1 trouvez l'année et le mois où vous êtes né(e) et notez le chiffre qui se trouve à l'intersection. Puis, additionnez ce chiffre à celui du jour de votre naissance.

Reading. Students follow the instructions to find out the day of the week on which they were born, if they do not already know.

1b Trouvez la description pour le jour où vous êtes né(e). Est-ce qu'elle correspond à votre personnalité? Écrivez une phrase pour justifier votre réponse.

Reading/writing. Students write a sentence to say whether or not the description for their day of birth corresponds to their personality. Remind students about the use of *ne … pas* in the example.

1c Trouvez le bon sous-titre pour chaque jour de la semaine.

Reading. Students match up each day with the right sub-title from those given.

Answers

lundi	=	le séducteur
mardi	=	le battant
mercredi	=	le sociable
jeudi	=	le meneur
vendredi	=	l'amoureux
samedi	=	le patient
dimanche	=	l'actif

1d Quel jour est-ce qu'ils sont né(e)s?

Reading. Students read about each person's personality, and match each one with the most appropriate day of the week.

Answers

Anna	=	mardi
Maryse	=	samedi
Cécile	=	mercredi
Benjamin	=	jeudi
Didier	=	lundi

2a Complétez le questionnaire. Donnez les détails pour un homme et une femme de votre famille.

Writing. Students fill in the form. Encourage them to write three answers whenever possible (for example, three things they like or dislike). Get your class to generate some simple nouns which could be used as likes/dislikes.

3 Écrivez une lettre en français à Madame Pinaud.

Writing. Students write a letter applying for a job as an au pair. Emphasise the need to give extra details when possible (at least three qualities, three jobs, etc.). With your class, look at the prompts and get them to spot which prompts require to be answered in the Past/Future tenses. Point out to them that they can answer the last prompt in the Present tense if they want, because they will still be referring to the future.

For example: *Je peux commencer le …*

CHEZ MOI MODULE 2

Cahier d'exercices, page 10

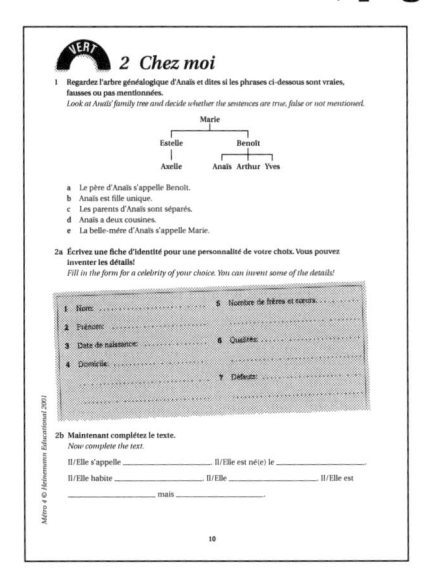

1
Answers

a vrai b faux c pas mentionnées d faux
e pas mentionnées

2a + 2b (writing tasks)

Cahier d'exercices, page 11

3
Answers

a J'ai quatre souris blanches. b J'ai deux oiseaux noirs.
c Tu as un animal/As-tu un animal? d Je n'ai pas
d'animal. e J'ai perdu mon chien.

4
Answers

a 01/07 b 31/08 c 25/12 d 16/06 e 14/01

5
Answers

a Le cinq février b Le quinze mars c Le premier mai
d Le douze octobre e Le vingt-sept juillet

6
Answers

small/fat/big green eyes/beard + moustache/earring but
no glasses/long, blond & straight hair.

Cahier d'exercices, page 12

7a
Answers

nice/honest/talkative/funny/hard-working/intelligent/
selfish/annoying/well-behaved/polite/stupid/well-adjusted.

7b + 7c (writing tasks)

Cahier d'exercices, page 13

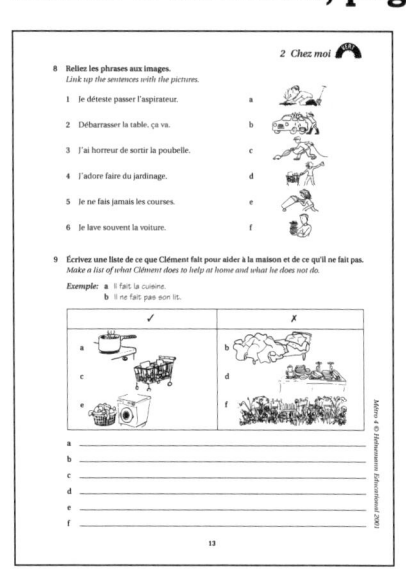

CHEZ MOI

MODULE 2

8
Answers

1 c 2 f 3 e 4 a 5 d 6 b

9
Answers

a Il fait la cuisine. **b** Il ne fait pas son lit. **c** Il fait les courses. **d** Il ne fait pas la vaisselle. **e** Il lave le linge/Il fait la lessive. **f** Il ne fait pas de jardinage.

Cahier d'exercices, page 14

10a
Answers

a Xavier **b** Sylvie **c** Josiane **d** Alexandre

10b
Answers

Josiane feels ugly because she is very spotty. She feels she will never find a boyfriend. Alexandre does not get on with his parents. They keep arguing because they don't understand him. Xavier is heart-broken because his girlfriend has left him. Sylvie suffers from exam nerves.

10c
Answers

a Sylvie **b** Xavier **c** Josiane **d** Alexandre

Cahier d'exercices, page 15

11a
Answers

a Emilie habite à Bécherel, un petit bourg près de Rennes. **b** Elle a deux frères. **c** Elle a une chienne et une perruche. **d** Son anniversaire est le 26 juin. **e** Elle est de taille moyenne. Elle a les yeux marron et les cheveux bruns. **f** Elle est timide et travailleuse. **g** Elle s'entend bien avec ses frères mais ils l'énervent quelquefois. **h** Pour aider à la maison, elle fait la cuisine et le ménage.

11b (writing task)

Cahier d'exercices, page 16

1
Answers

a est **b** ont **c** faisons **d** font **e** as **f** avez **g** êtes **h** suis

2
Answers

a je fais **b** je suis **c** j'ai **d** il fait **e** nous sommes **f** ils ont

CHEZ MOI　　　　　　　　　　　　　　　　　MODULE 2

3
Answers

a grande **b** petite **c** mince **d** grands **e** équilibrées **f** bêtes **g** bavarde **h** sévères **i** aimable **j** sages

Cahier d'exercices, page 17

À l'oral

1. Comment t'appelles-tu?
2. Comment ça s'écrit?
3. Quelle est la date de ton anniversaire?
4. As-tu des frères ou des sœurs?
5. Comment s'appelle(nt)-t-il(s)/s'appelle(nt)-t-elle(s)?
6. Quel âge a-t-il/a-t-elle/ont-ils/ont-elles?
7. As-tu un animal à la maison?
8. Décris-toi physiquement.
9. Quelle sorte de personne es-tu?
10. Tu t'entends bien avec tes parents?
11. Décris une copine/un copain.
12. Qu'est-ce que tu fais pour aider à la maison?

Module 3: Temps libre

(Student's Book pages 34–47)

Unit	Main topics and objectives	Grammar	Key language
Déjà vu (pp. 34–37)	Saying which hobbies and sports you do Saying which clubs you go to, and when Giving your opinion on different things	Asking questions using intonation Present tense	Quels sont tes passe-temps? Je vais (au cinéma). Je lis/Je nage/J'écoute de la musique/Je regarde la télé. Tu fais du sport? Je fais (du vélo). Je joue (au basket). Tu es membre d'un club? Je suis membre d'un club de gymnastique. Je vais au club le (lundi) Qu'est-ce que tu penses de …? C'est (amusant) Le week-end je … Comme sports j'aime … mais je n'aime pas …
1 Qu'est-ce qu'on va faire aujourd'hui? (pp. 38–39)	Understanding information about opening/closing times, prices and tickets Talking about a film	The present tense	Allô, ici … Vous ouvrez/fermez à quelle heure? C'est combien par personne? C'est … pour les adultes et … pour les enfants. Est-ce qu'il y a une réduction pour les étudiants? Qu'est-ce qui joue au cinéma ce soir? C'est quelle sorte de film? C'est un film d'aventures. Le film dure … minutes. Le dernière séance commence à …
2 Invitations (pp. 40–41)	Inviting people out Accepting and refusing invitations Making arrangements to meet	*Vouloir/pouvoir/devoir* + inf.	Est-ce que tu voudrais/tu veux/tu as envie de/d' (sortir avec moi/aller en boîte)? D'accord/bien sûr/je veux bien/bonne idée/avec plaisir. Je suis désolé(e)/je regrette/je m'excuse/c'est dommage. Je ne peux pas/ça ne me dit rien/je ne suis pas libre. On se rencontre (chez moi vers … heures).
3 Ça s'est bien passé? (pp. 42–43)	Talking about the past	The perfect tense with *avoir* and *être* Irregular past participles	J'ai bu/J'ai eu/J'ai lu/J'ai vu/J'ai pu/J'ai dû/J'ai voulu … Lundi, (j'ai regardé la télé). J'ai fait (de l'équitation). J'ai joué (au tennis). Normalement je … mais le week-end dernier, …
Entraînez-vous (pp. 44–45)	Speaking practice and coursework	Revision of: *Vouloir* + inf. The perfect tense with *avoir* and *être* Past, present and future tenses	
À toi! (pp. 150–151)	Self-access reading and writing Describing a sport Describing a sports personality Talking about equipment needed for a sport Talking about your likes/dislikes and leisure activities	Negatives (*ne … pas*) Past, present and future tenses Definite/possessive articles	

MODULE 3 *Déjà vu*

(Student's Book pages 34–37)

Main topics and objectives
- Saying which hobbies and sports you do
- Saying which clubs you go to, and when
- Giving your opinion on different things

Grammar
- Asking questions using intonation
- Present tense

Key language
Quels sont tes passe-temps?
Je vais au cinéma/à la pêche.
Je lis/Je nage/J'écoute de la musique/Je regarde la télé.
Tu fais du sport? Je fais du vélo/du cyclisme/du ski/ de la gymnastique/de la natation/de la voile/ de l'équitation.
Je joue au basket/au foot/au hockey/au rugby/ au tennis/au volley/avec l'ordinateur.
Tu es membre d'un club?
Je suis membre d'un club de (gymnastique).
Je vais au club le lundi/mardi/mercredi/jeudi/vendredi/samedi/ dimanche matin/après-midi/soir.
Qu'est-ce que tu penses de …?
C'est amusant/barbant/pénible/super/pas mal/ passionnant/affreux/génial/ chouette.
Le week-end je …
Comme sports j'aime … mais je n'aime pas …

Resources
Cassette A, side 2
CD 1, track 10
Cahier d'exercices, pages 18–25

Suggestion
Present the phrases for free time activities using pictures a–i on p.34.

1a Faites correspondre l'activité et l'image.

Reading. (a–i) Students match each picture with one of the phrases from the Key language box.

Answers
a Je joue avec l'ordinateur. **b** Je lis. **c** J'écoute de la musique. **d** Je regarde la télé. **e** Je nage/Je fais de la natation. **f** Je vais à la pêche. **g** Je fais du sport (Je joue au foot). **h** Je fais de vélo (du cyclisme).

1b Notez la bonne lettre pour chaque activité.

Listening. (1–8) Students listen to the recording and note down the letter of the picture showing each speaker's hobby.

Tapescript
1 *Moi, je regarde la télé.*
2 *Je lis.*
3 *Je vais à la pêche.*
4 *Je fais du sport.*
5 *Je fais du vélo et je nage.*
6 *Je vais souvent au cinéma, et je joue avec l'ordinateur.*
7 *J'adore écouter de la musique, et je lis aussi.*
8 *Moi, j'aime aller à la pêche. Je fais du vélo aussi.*

Answers
| 1 d | 2 b | 3 f | 4 g | 5 h, e | 6 i, a | 7 c, b | 8 f, h |

Suggestion
Present the 12 sports from the key vocabulary box on p.34 by miming them. Practise *je joue AU sports* first; then, *je fais DU/DE LA/ DES sports*.

Draw the attention of your students to the Top Tip box about forming a question from a statement. Practise asking some questions before doing activity 1c.

1c À deux. Écrivez lundi à vendredi en français. EN SECRET, notez une activité par jour. Trouvez les cinq activités de votre partenaire.

Speaking. This activity works like the game 'Battleships'. Working in pairs, students write out the days of the week (from Monday to Friday) in French. Then, in French, they write in a different activity for each of the five days, keeping this information secret from their partner. Students try to find out what their partner is doing on each of the days. The partner may only answer OUI or NON.

For example:
Q. *Lundi, tu regardes la télé?*
R. *Non.*

The first person to find the partner's five activities is the winner. You could have the winner in each partnership moving on to a new partner and repeating the activity.

2 Remplissez les blancs. Les blancs indiquent le nombre de lettres dans chaque mot.

Writing. Students copy and complete the text using the expressions in the Key vocabulary boxes for help.

Answers
regarde, écoute, du, joue, au, vélo, joue, natation, lis, vais, ordinateur

Suggestion
Revise the days of the week by asking students to write them down from memory (without warning!)

TEMPS LIBRE • MODULE 3

Then get them to check their answers against the Key vocabulary box. Pool common errors and look for patterns or tricks which will help to spell the days correctly.

3a Copiez et complétez la grille pour chaque personne.

Listening. (1–6) Having copied the grid, students listen to the recording and, in French, fill in the name of the club and when each speaker goes there.

Tapescript

1 Salut, je suis membre d'un club de volley. Je vais au club le mercredi soir.
2 Bonjour, je suis membre d'un club de foot. Je fais partie d'une équipe. Je vais au club de foot le mardi soir.
3 Salut, je suis membre d'un club de danse. Je vais au club de danse le samedi après-midi.
4 Bonjour, je suis membre d'un club de cyclisme. On fait du vélo le dimanche matin.
5 Bonjour, moi aussi, je suis membre d'un club. Je suis membre d'un club de natation. Je vais au club de natation le vendredi soir.
6 Salut, je suis membre d'un club de tennis. Je vais au club de tennis le lundi après-midi, pendant les vacances.

Answers

1 volley/mercredi soir   2 foot/mardi soir
3 danse/samedi après-midi   4 cyclisme/dimanche matin
5 natation/vendredi soir   6 tennis/lundi après-midi

3b Dites ce que vous faites en français.

Speaking. Students prepare each of the statements in French, according to the pictures.

For example:
*Je suis membre d'un club d … (activity).
Je vais au club le … (day) (matin/après-midi/soir)*

Suggestion

On the board or an OHT draw out a grid with 2 columns, headed ☺ or ☹. First of all, ask your students for opinion words. If they remember some, write them in a grid in the correct column. Then present the new words one by one and, by your facial expression, get students to tell you in which column to write each word. Ask students some questions about TV programmes to get them using some of the new vocabulary, e.g. *Tu aimes "Eastenders"? C'est pénible.*

4a Copiez les phrases. Indiquez si vous êtes d'accord ✓ ou pas d'accord ✗.

Reading. (1–9) Having copied out the statements, students show if they agree or disagree with each statement by ticking or crossing. There is no one correct solution.

4b Notez l'activité en français, et l'opinion.

Listening. (1–8) Students listen to the recording and note down the activity mentioned by each speaker, and the opinion ☺ or 😐/☹.

Tapescript

1 Le sport, je trouve ça affreux.
2 La pêche, c'est passionnant.
3 Je pense que la natation est vraiment géniale.
4 À mon avis, l'équitation n'est pas mal.
5 Je lis beaucoup. La lecture c'est super.
6 Le volley est très amusant.
7 Je pense que le ski c'est chouette. J'adore les sports d'hiver.
8 La télé, c'est barbant.

Answers

1 sport ☹   2 pêche ☺   3 natation ☺
4 equitation 😐   5 lecture ☺   6 volley ☺
7 ski ☺   8 télé ☹

4c À deux. En français:

Speaking. Working in pairs, students prepare these conversations in French.

4d Copiez et complétez.

Writing. Students complete this paragraph about their own hobbies and interests. The English prompts help students to complete the sentences.

MODULE 3 TEMPS LIBRE

1 Qu'est-ce qu'on va faire aujourd'hui? (Student's Book pages 38–39)

Main topics and objectives
- Understanding information about opening/closing times, prices and tickets
- Talking about a film

Grammar
- The present tense

Key language
Allô, ici …
Vous ouvrez/fermez à quelle heure?
C'est combien par personne?
C'est … pour les adultes et … pour les enfants.
Est-ce qu'il y a une réduction pour les étudiants?
Qu'est-ce qui joue au cinéma ce soir?
C'est quelle sorte de film.
C'est un film d'aventures.
Le film dure … minutes.
Le dernière séance commence à …

Resources
Cassette A, side 2
CD 1, track 11
Cahier d'exercices, pages 18–25

Suggestion
Use the adverts on p.38 to introduce the key language needed for the unit. Ask your class questions about opening and closing days/times, prices, and so on.

1a C'est où?
Notez P (piscine), CS (centre sportif), C (cinéma) ou F (festival).

Reading. (1–12) Students read each statement and write down the initial letter(s) of the attraction to which it applies.

Answers

1 CS	2 C	3 F	4 C	5 P	6 F	7 C
8 P	9 F	10 CS	11 F	12 CS		

➕ Students make up an advertisement for an attraction of their own choice, like the ones at the start of the unit.

➕ Students make up some more statements referring to the attractions and get their partner to identify the place to which they refer.

1b Trouvez le français.
Reading. Students find these words in the text, and note French and English together. These key words should be learned.

Answers

open = *ouvert*	closed = *fermé*
everyday = *tous les jours*	entrance price = *prix d'entrée*
adults = *adultes*	children = *enfants*
from … to … = *de … à …*	bank holidays = *jours fériés*
cinema showings = *séances*	reductions = *réductions*
until = *jusqu'à*	free = *gratuit*
	except for = *sauf*

1c Pour chaque conversation, notez les détails qui manquent.

Listening. (1–4) Students listen to the recording, and write down in French the missing answers for each of the four conversations.

R Go through the conversation in the book first of all with your class, anticipating the type of answer they will hear in each gap.

Tapescript

1 – Allô, … ici la piscine municipale.
– Bonjour, monsieur. Vous ouvrez à quelle heure, aujourd'hui?
– À sept heures et quart.
– Et vous fermez à quelle heure?
– À neuf heures et demie.
– Merci. C'est combien par personne?
– C'est €3 pour les adultes et €2,30 pour les enfants.
– Est-ce qu'il y a une réduction pour les étudiants?
– Non.
– Merci beaucoup. Au revoir, monsieur.

2 – Allô, … ici le théâtre Gallimard.
– Bonjour, madame. Vous ouvrez à quelle heure, aujourd'hui?
– À six heures du soir.
– Et vous fermez à quelle heure?
– à minuit.
– Merci. C'est combien par personne?
– C'est €8,30 pour les adultes, et €15,20 pour les enfants.
– Est-ce qu'il y a une réduction pour les étudiants?
– Oui, les étudiants paient €15,20 la place.
– Merci beaucoup. Au revoir, madame.

3 – Allô? Allô, … ici la patinoire.
– Bonjour, monsieur. Vous ouvrez à quelle heure, aujourd'hui?
– À neuf heures et demie.
– Et vous fermez à quelle heure?
– À vingt-deux heures, c'est à dire à dix heures du soir.
– Merci. Et c'est combien par personne?
– C'est €2,90 pour les adultes, et €1,70 pour les enfants.
– Est-ce qu'il y a une réduction pour les étudiants?
– Ah non, je suis désolé.
– Merci beaucoup. Au revoir, monsieur.

4 – Allô, … ici le stade municipal.
– Bonjour, madame. Vous ouvrez à quelle heure, aujourd'hui?

TEMPS LIBRE • **MODULE 3**

– À deux heures, pour le match de rugby.
– Et vous fermez à quelle heure?
– À huit heures du soir.
– Merci. C'est combien par personne?
– C'est €5,20 pour les adultes et €3 pour les enfants.
– Est-ce qu'il y a une réduction pour les étudiants?
– Ah, non, il n'y a pas de prix réduit pour les étudiants.
– Merci beaucoup. Au revoir, madame.

Answers

1 a la piscine municipale b 7h15 c 9h30 d €3 e €2,30
f Non
2 a théâtre Gallimard b 6h c minuit d €18,30 e €15,20
f Oui, €15,20
3 a patinoire b 9h30 c 22h00 d €2,90 e €1,70 f Non
4 a stade municipal b 2h c 8h d €5,20 e €3 f Non

1d À deux. Répétez la conversation pour ces distractions en Angleterre.

Speaking. Working in pairs, students use the same conversation framework as in activity 1c. They take it in turns to be the customer, and use the information in the book for the answers. Draw their attention to the Top Tip box which reminds them that the pound Sterling = une livre Sterling.

✚ Students write out the conversations in French.

2 Répondez aux questions en français.

Reading. (1–9) Students read the article about the film and answer the questions in French. The first three questions are key phrases and should be learnt by heart.

Answers

1 Le monde ne suffit pas
2 un film d'aventures
3 2 heures 8 minutes
4 à 22h15
5 française
6 Pierce Brosnan, Robert Carlyle, Sophie Marceau
7 protéger King, un grand industriel
8 formidables

✚ Students make a poster for a film of their choice, including when it is showing, how long it lasts, who is in it, what language it is in, and don't forget to include a picture!

46

MODULE 3 TEMPS LIBRE

2 Invitations

(Student's Book pages 40–41)

Main topics and objectives
- Inviting people out
- Accepting and refusing invitations
- Making arrangements to meet

Grammar
- *Vouloir/pouvoir/devoir* + inf

Key language

*Est-ce que tu voudrais/tu veux/tu as envie de/d'…
aller en boîte/jouer au foot/sortir avec moi?
D'accord/bien sûr/je veux bien/bonne idée/avec plaisir.
Je suis désolé(e)/je regrette/je m'excuse/c'est dommage.
Je ne peux pas/ça ne me dit rien/je ne suis pas libre.
On se rencontre chez moi, vers … heures/
devant le stade/chez toi/chez Benjamin/
dans une heure/aujourd'hui/demain.*

Resources

Cassette A, side 2
CD 1, track 12
Cahier d'exercices, pages 18–25
Grammaire 3.1, page 168

Suggestion

Introduce the theme by telling the students how important it is to be able to ask somebody out; imagine if they meet the girl/boy of their dreams and do not understand the invitation to go out together – or turn up at the wrong time!

1a Répondez aux questions en anglais.

Reading. (1–10) Students read the magazine article and answer the questions in English.

Answers

1	concert, theatre, film
2	The first one: I'd love to, where shall we meet?
3	ask why not, and try another date or time
4	I must wash my hair
5	There are plenty more fish in the sea …
6	time, date, place, and how you'll get home
7	good luck

1b Pour chaque conversation, notez l'invitation et si la réaction est positive (+) ou négative (–).

Listening. (1–8) Students listen to the recording and note in French what each person is being invited to do. They also note whether the reaction is positive or negative by putting a plus or a minus. Draw your students' attention to the key vocabulary box before starting the activity.

Tapescript

1 – *Est-ce que tu voudrais m'accompagner à la boum, samedi soir?*
 – *C'est très gentil, mais malheureusement je ne suis pas libre.*
2 – *Si on allait voir le match de foot?*
 – *Avec plaisir, on se retrouve à quelle heure?*
3 – *Tu voudrais sortir avec moi ce soir? Je voudrais aller voir un film.*
 – *Je veux bien, c'est quel film?*
4 – *Est-ce que tu as envie d'aller au cirque samedi?*
 – *Ça ne me dit rien, je suis plutôt contre les cirques, tu sais.*
5 – *Es-tu libre demain soir? Il y a un très bon concert à l'hôtel de ville, c'est un groupe que j'aime beaucoup.*
 – *Bonne idée, j'ai vraiment envie de voir ce concert aussi, moi.*
6 – *Veux-tu aller en boîte avec moi ce week-end?*
 – *Je m'excuse, mais j'aimerais mieux rester à la maison.*
7 – *J'aimerais bien faire un pique-nique à la campagne aujourd'hui. Est-ce que tu peux venir?*
 – *Bien sûr, merci beaucoup. On va partir à quelle heure?*
8 – *Si tu es libre demain, on pourrait faire une excursion à vélo ensemble. Qu'est-ce que tu en penses?*
 – *Zut, j'aimerais bien t'accompagner, mais je dois faire mes devoirs demain.*

Answers

1 boum (–)	2 match de foot (+)	3 voir un film (+)
4 cirque (–)	5 concert (+)	6 boîte (–)
7 pique-nique (+)	8 excursion à vélo (–)	

1c Mettez ces phrases dans le bon ordre.

Writing. (1–8) Students put the words into the right order to make a sentence.

Answers

1 Tu veux aller à la piscine avec moi?
2 Tu voudrais voir un film?
3 Tu veux faire du vélo avec moi?
4 Tu veux jouer au squash?
5 Je dois rester à la maison.
6 Je ne peux pas sortir ce soir.
7 Je dois faire mes devoirs.
8 Je ne veux pas aller au cinéma avec toi.

➕ Students make up eight more mixed-up sentences and ask your partner to unjumble them.

1d À deux. Imaginez que vous êtes quelqu'un de célèbre. Invitez votre partenaire à sortir.

Speaking. Working in pairs, the first partner says s/he is a famous person, and invites the other person out. S/he gives a suitable reaction. Then they change roles. Students can make several invitations each.

47

TEMPS LIBRE

MODULE 3

A variation on this is to give all your students a sticky label on their back, containing the name of a famous person. Students then go around asking people in the class out, and try to gauge from the reactions they get what kind of person they are. After a fixed time, you tell the students to take off their labels and see who they are.

2a Copiez et complétez la grille en anglais.

Reading. (1–5) Having copied the grid, students read the five invitations and fill in the grid in English.

Answers

	When?	Where?
1	tomorrow morning	my house
2	the day after tomorrow at 8pm	in front of the cinema
3	next Thursday at midday	at Anne-Claire's house
4	today in 2 hours	at the pool
5	tonight at around 7pm	at your house

2b Qui a téléphoné? Notez le bon prénom.

Listening. (1–6) Students listen to the recording and identify the name of the speaker from the pictures.

Tapescript

1 Salut! On se verra demain à huit heures, au terrain de rugby, ok?
2 Bonjour! C'est bon pour demain? Chez moi, à quatre heures.
3 On se retrouve devant la boîte vers neuf heures, d'accord?
4 Bonjour! C'est moi! Je t'attendrai devant le collège à huit heures et demie.
5 Coucou! Ça va? Je suis vraiment impatiente de te voir cet après-midi. On se verra à la patinoire à trois heures et quart.
6 Salut. Mon père a réservé une table pour après-demain. On se retrouve au restaurant à sept heures et demie. Appelle-moi si ça ne va pas. Au revoir!

Answers

1 Leila   2 Lise   3 Loïc   4 Louise   5 Laure   6 Louis

✚ Students write a message saying when and where to meet for each of the pictures.

2c Écrivez ces invitations en français.
Commencez comme ceci: On se rencontre …

Writing. (1–6) Students write out invitations, replacing the pictures with French words. They need to look back at activity 2a for help with vocabulary.

Answers

1 On se rencontre chez moi vers 15h.
2 On se rencontre devant le stade-demain à 14h30.
3 On se rencontre mercredi prochain chez toi.
4 On se rencontre demain chez Benjamin.
5 On se rencontre dans une heure au stade.
6 On se rencontre aujourd'hui vers midi.

✚ Students produce a cartoon strip called 'Une Invitation'.

MODULE 3 TEMPS LIBRE

3 Ça s'est bien passé?

(Student's Book pages 42–43)

Main topics and objectives
- Talking about the past

Grammar
- The perfect tense with *avoir* and *être*
- Irregular past participles

Key language
J'ai bu/J'ai eu/J'ai lu/J'ai vu/J'ai pu/J'ai dû/J'ai voulu …
Lundi, j'ai regardé la télé/je suis allé(e) au cinéma/
j'ai lu/j'ai écouté des CD.
J'ai fait de l'équitation/de la natation/de la pêche/
du VTT/une promenade.
J'ai joué au tennis/au foot/au jeux-vidéo/
dans un orchestre/aux cartes.
Normalement je … mais le week-end dernier, …

Resources
Cassette A, side 2
CD 1, track 13
Cahier d'exercices, pages 18–25
Grammaire 3.3, page 169

Suggestion
Read the Introduction together so students get the context for the email. Then move into activity 1a.

1a Écoutez et lisez son email. Mettez les images dans le bon ordre.

Listening. (a–g) Students listen to the email which is printed in the book. They then put the pictures in the order in which they occur in the email.

Tapescript
Coucou Fleur!
Eh bien, le 14 juillet, quelle journée affreuse! Mon rendez-vous avec Emmanuel était à 19h. J'ai attendu devant le cinéma jusqu'à 19h30, puis j'ai téléphoné chez lui. 'Oh, je suis désolé, je suis en retard!' a-t-il dit. Finalement, il est arrivé vers 20h. J'étais furieuse! Comme on était au cinéma, j'ai proposé d'aller voir un film. 'Ah! Non', a-t-il répondu, 'j'ai vu ce film hier soir avec Coralie. C'était nul'. À ce moment là, j'en ai eu assez. Je suis rentrée à la maison et je suis montée dans ma chambre. J'ai passé le reste de la soirée dans ma chambre ou j'ai regardé la télé en paix. Les garçons? Non merci.

Bisous, Elsa

Answers
| e | g | f | a | c | b | d |

1b Trouvez le français dans l'email.

Reading. (1–10) Students find the French equivalent of the English verbs in the email.

Answers
1	je suis rentrée à la maison
2	j'ai téléphoné
3	j'ai proposé
4	j'ai regardé
5	j'ai vu
6	il est arrivé
7	j'ai passé
8	je suis montée
9	j'ai attendu
10	j'ai eu

2a Écoutez et mettez les symboles dans le bon ordre.

Listening (1–10)(a–j). Students listen to the recording and write down the letter of the picture, in the right order.

Tapescript
– *J'ai passé un week-end plutôt nul. Vendredi soir, je suis allé à une boum chez mon copain Fred. C'était très ennuyeux. Je n'aime pas danser. Pendant la boum, je suis monté dans la chambre de Fred et on a joué aux cartes avec d'autres copains. Bien sûr, j'ai perdu. On a aussi joué aux jeux-vidéo, mais les jeux de Fred sont très démodés.*

– *Samedi matin, ma mère m'a ammené en ville pour mon orchestre. J'ai joué du violon pendant deux heures. C'était pénible. Samedi soir, je suis resté à la maison et j'ai lu un livre. C'est passionnant, n'est-ce pas? Samedi soir, à la maison, en train de lire et écouter des CD. Bof!*

– *Dimanche, j'ai fait une promenade à la campagne avec mes parents. Oh! C'était ennuyeux. Après, j'ai dû jouer au foot avec mon petit frère dans le jardin. Il n'est pas Zidane, hein? Quelle perte de temps.*

– *Dimanche soir, je suis allé à la piscine avec mes copains, et j'ai fait du VTT. Ça, c'était mieux … mais je pensais déjà au collège le lendemain.*

49

TEMPS LIBRE

MODULE 3

Answers

| b | e | d | h | g | a | c | j | i | f |

2b Mettez ces phrases dans le bon ordre, puis trouvez le symbole qui correspond à chaque phrase.

Reading. (1–10) Students unjumble each sentence, then match each sentence with one of the pictures from activity 2a.

Answers

1. (f) J'ai fait du VTT.
2. (j) J'ai joué au foot.
3. (g) J'ai lu un livre.
4. (a) J'ai écouté des CD.
5. (b) Je suis allé à une boum.
6. (d) J'ai joué aux jeux-vidéo.
7. (i) J'ai fait de la natation.
8. (h) J'ai joué dans un orchestre.
9. (c) J'ai fait une promenade.
10. (e) J'ai joué aux cartes.

2c Regardez l'agenda. Qu'est-ce que vous avez fait la semaine dernière? Écrivez une phrase en français pour chaque jour.

Writing. Using the diary given, students write one sentence in French for each day of the week.

Answers

Lundi j'ai regardé la télé.
Mardi je suis allé(e) au cinéma.
Mercredi j'ai lu un livre.
Jeudi j'ai fait de l'equitation.
Vendredi j'ai joué au tennis.
Samedi j'ai fait de la natation.
Dimanche je suis allé(e) à la pêche.

✚ Students write out all the verbs from the *Le Détective* box on the perfect tense and form sentences using each verb.

3a En groupe. Qu'est-ce que vous avez fait le weekend dernier?

Speaking. Working in groups of 4 or 5, each student adds one more activity in the Perfect tense on to the list. Each student in turn repeats the whole list before adding on a new activity. See which group can memorise the longest list.

3b Vous avez passé le 14 juillet en France. Écrivez une liste de 10 activités que vous avez faites. Utilisez le passé composé.

Writing. Students use their imagination and write down 10 things they did while in France. Encourage them to look back at Units 1 and 2 for ideas.

Module 3 — *Entraînez-vous*

(Student's Book pages 44–45)

Speaking practice and coursework

À l'oral

Topics revised
- Arranging a meeting
- Visiting an attraction in a French town
- Talking about your favourite hobby
- Talking about what you did last week/last weekend

1 You are arranging to meet a French boy/girl.

2 You are at the museum in a French town with your family.

Role-play. Working in pairs, students take it in turns to be the 'teacher', doing each role-play twice.

3 Bring photos or any equipment that you use for your favourite pastimes and talk about them for 1 minute. Make yourself a cue card.

Presentation. Students give a short talk about their favourite pastimes.
This can be:

- prepared in the classroom or at home;
- it can be recorded on tape;
- students can give their talk to a small group of other students; or
- certain students can be chosen to give their talk to the whole class.

The main thing is that students become used to speaking from notes, not reading a speech.

Questions générales

Speaking. These are key questions to practise for the oral exam, taken from the module as a whole. Students can practise asking and answering the questions in pairs. They should be encouraged to add as much detail as possible. It is often a good idea to write model answers together in class.

- Get students to look out for tense 'markers' such as *normalement/hier soir/le week-end dernier*

You could use these markers yourself whenever you ask questions as, with practice, they help students to answer in the right tense.

À l'écrit

Topics revised
- Writing a CV
- Describing work experience

1 Produce a diary recording what you did each day last week.

Writing. Encourage students to add in extras and vary their vocabulary by looking back at the units they have just covered. Students could illustrate their work with pictures or photos. They could also include some bizarre activities.

2 Write a more detailed diary, recording what you did last weekend.

Writing. The given structure ensures students write in enough detail and use a variety of tenses.

Explain to the students that they should use ideas of their own as well.

MODULE 3 À toi!

(Student's Book pages 150–151)

Self-access reading and writing at two levels.

1a Ça coûte combien?

Reading. Students match the picture with the equipment and write down the correct price. Encourage them to use what they know to guess before looking up the dictionary to check.

Answers

| 1 $60 | 2 $40 | 3 $109 | 4 $50 | 5 $229 | 6 $50 |

1b Copiez et complétez pour Patrick Roy.

Reading. Having copied the summary, students fill in the gaps by looking at Patrick Roy's ID card.

Answers

Patrick Roy est né au **Québec**, et son anniversaire est le **5 octobre 1965**. Il mesure **1,83 mètres** et il pèse **87 kilos**.

Sa position est **gardien de but** et il porte toujours le numéro **33**. Pendant 10 ans, il a joué pour les **Canadiens de Montréal**, et depuis, il joue pour l'**Avalanche du Colorado** en Amérique. Les fans l'appellent **St. Patrick** ou **Goose**.

Patrick préfère manger **le steak**, et pendant son temps libre, en été, il joue au **golf**.

1c Répondez à ces questions en français.

Reading. Having read the information about Patrick Roy, students answer the questions in French. Remind them to look at the number of marks available for each of their answers.

Answers

1 le hockey sur glace
2 des soldats britanniques
3 4–5 ans
4 il faut avoir beaucoup d'équipement
5 3 heures
6 20 joueurs
7 12
8 les Canadiens de Montréal
9 bleu, blanc et rouge
10 24

2 Complétez le questionnaire. Notez les choses que vous aimez ou n'aimez pas.

Writing. A straightforward activity in which students fill in the grid with items of their own choice. Encourage them to use vocabulary they know is right (even if it is not the truth!)

3 Écrivez un email à Isabelle. Répondez à toutes ses questions.

Writing. Students respond to Isabelle's email. They must be sure to answer all her questions. Go through the questions in class with your students and get them to spot the tense needed each time.

TEMPS LIBRE

MODULE 3

Cahier d'exercices, page 18

1
Answers

1 d 2 h 3 f 4 g 5 c 6 a 7 e 8 b

2
Possible answers

a Le rugby, c'est nul. b La voile, c'est bien. c Le vélo, c'est agréable. d La natation, c'est fatigant.
e La gymnastique, c'est chouette/très agréable.

3
Answers

	Jamais (never)	Une fois par semaine (once a week)	Une fois tous les quinze jours (once a fortnight)	Tous les jours (every day)
Equitation	Barbara	Rémi	X	Edouard Louise
Boules	Barbara Edouard	Louise	X	Rémi
Boîte	Barbara Rémi Louise	Edouard	X	X
Cinéma	Louise	Barbara	Rémi Edouard	X

Cahier d'exercices, page 19

3 (contd.)

4
Answers

a Le match de foot commence à 14h30.
b On peut écouter de la poésie le vendredi.
c Cette semaine là, on peut faire 5 sports différents.
d L'entrée au match de foot coûte €18,30.
e Non, le tournoi est ouvert à toutes les catégories.

Cahier d'exercices, page 20

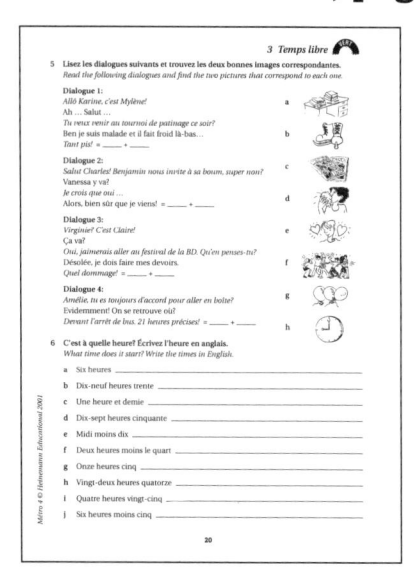

5
Answers

Dialogue 1: b + d   Dialogue 2: e + g
Dialogue 3: c + a   Dialogue 4: f + h

53

TEMPS LIBRE

MODULE 3

6
Answers

- a 6 o'clock
- b 7.30/half past seven
- c 1.30/half past one
- d 5.50/ten to six
- e 11.50/ten to twelve
- f 1.45/quarter to two
- g 11.05/five past eleven
- h 10.14/fourteen minutes past ten
- i 4.25/twenty five past four
- j 5.55/five to six

Cahier d'exercices, page 21

7
Answers

- a vingt-trois heures quatorze
- b huit heures et demie
- c midi
- d quinze heures quarante-cinq
- e quatre heures et quart
- f onze heures moins vingt
- g minuit dix
- h quatorze heures vingt-cinq
- i une heure
- j dix-huit heures six

8
Answers

1 d 2 e 3 f 4 a 5 c 6 b

9 (writing task)

Cahier d'exercices, page 22

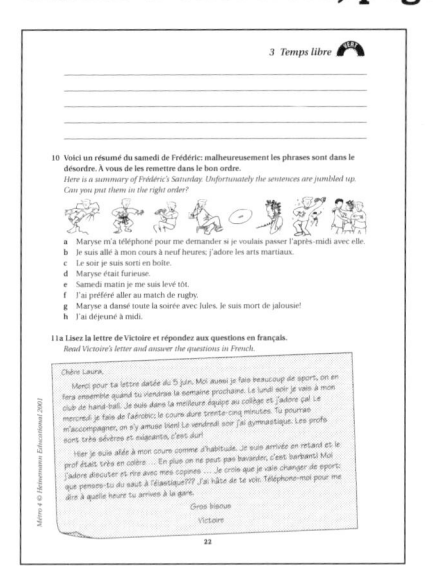

9 (contd.)
10
Answers

1 e 2 b 3 h 4 a 5 f 6 d 7 c 8 g

11a

Cahier d'exercices, page 23

11a (contd.)
Answers

- a Ses deux activités sportives préférées sont le hand-ball et l'aérobic.
- b Elle fait du hand le lundi.
- c Elle joue au hand au collège.
- d Elle pense que la gymnastique, c'est dur.
- e Un cours d'aérobic dure 35 minutes.
- f Amusante
- g Elle aimerait faire du saut à l'élastique.
- h Elles se retrouvent/retrouveront à la gare.

11b (writing task)

TEMPS LIBRE

MODULE 3

Cahier d'exercices, page 24

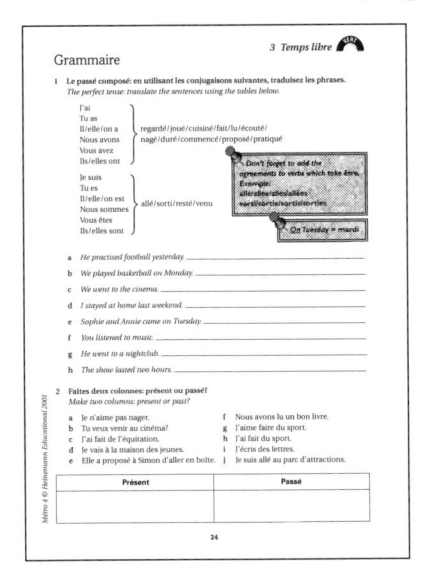

1
Answers

- **a** Il a joué au foot hier./Il a pratiqué le foot hier.
- **b** Nous avons joué au basket lundi.
- **c** Nous sommes allé(e)s au cinéma.
- **d** Je suis resté(e) à la maison le week-end dernier.
- **e** Sophie et Annie sont venues mardi.
- **f** Tu as/vous avez écouté de la musique.
- **g** Il est allé/sorti en boîte.
- **h** Le spectacle a duré deux heures.

2
Answers

Présent:	Passé:
a b d g i	c e f h j

Cahier d'exercices, page 25

Module 4: Au boulot

(Student's Book pages 48–61)

Unit	Main topics and objectives	Grammar	Key language
Déjà vu (pp. 48–49)	Understanding the names of jobs Saying what jobs people do Understanding high numbers Giving telephone numbers	Noun genders Job usage without an article	*(Ma mère) est (agent de police).* French phone numbers
1 Qu'est-ce que vous voulez faire dans la vie? (pp. 50–51)	Talking about your future career Saying where you would like to work, and with whom	Recognising the future tense	*Je voudrais travailler (dehors/avec les enfants).* *Je ne voudrais pas travailler dans (un bureau).* *Je voudrais être (serveur/serveuse).* *Je voyagerai dans le monde*
2 Avez-vous un job? (pp. 52–53)	Talking about part-time jobs and work experience	Interrogative pronouns Asking questions using intonation	*Tu travailles où?* *J'ai un petit job d'été.* *Je travaille dans un grand hypermarché/Je distribue le courrier.* *Tu commence/finis à quelle heure?* *Je commence/finis à … heures.* *Comment vas-tu au travail?* *Je vais au supermarché (en bus).* *Le trajet dure combien de temps?* *Le trajet dure … minutes.* *Combien est-ce que tu gagnes?* *Je gagne … par heure/par semaine.* *Tu aime ton job?* *J'aime mon job parce que c'est (bien payé).* *J'ai travaillé …*
3 Le monde du travail (pp. 54–55)	Writing a letter of application and a CV Answering questions in a job interview	Present tense *Pouvoir* + inf.	*Je voudrais une poste comme (serveur(euse)).* *Pendant mon stage en entreprise j'ai travaillé …* *J'ai aussi un job. Je travaille …* *Je peux commencer le … et continuer jusqu'au …* *Je suis travailleur(euse)/sérieux(euse).* *J'ai un bon sens de l'humour.*
4 La communication (pp. 56–57)	Answering a phone call, and taking a message Understanding phone messages	Revision of verbs in the infinitive	*C'est … à l'appareil.* *Je peux vous aider?* *Je voudrais parler à … s'il vous plaît.* *C'est de la part de qui?* *Est-ce que je peux laisser un message?* *Votre nom, comment ça s'écrit?* *Ça s'écrit …* *Quel est votre message?* *Quel est votre numéro de téléphone?* *… peut vous rappeler à quelle heure?* *À partir de …*
Entraînez-vous (pp. 58–59)	Speaking practice and coursework	Revision of: Noun genders *Vouloir* + inf. Past, present and future tenses	
À toi! (pp. 152–153)	Self-access reading and writing Talking about the world of work in the future Describing your work experience Applying for a holiday job	*Pouvoir/vouloir* + inf. Agreement Past, present, conditional and future tenses	

MODULE 4 AU BOULOT

Déja vu

(Student's Book pages 48–49)

Main topics and objectives

- Understanding the names of jobs
- Saying what jobs people do
- Understanding high numbers
- Giving telephone numbers

Grammar

- Noun genders
  Serveur/serveuse
  Boulanger/boulangère
- Job usage without an article
  Ma sœur est secrétaire

Key language

Ma mère/mon père/ma sœur/mon frère/ mon oncle/mon/grand-père/ma belle-mère est ... agent de police/coiffeur(euse)/fermier(ère)/ boulanger(ère)/boucher(ère)/sans travail/dentiste/ infirmier(ère)/professeur/serveur(euse)/caissier(ère)/ médecin/secrétaire/vendeur(euse).
High numbers

Resources

Cassette B, side 1
CD 2, track 2
Cahier d'exercices, pages 26–33
Grammaire 1.1, page 166

Suggestion

Use pictures a–o on p.48 or an OHT of these to present jobs in their masculine form.

1a *Faites correspondre les métiers et les symboles.*

Reading. Students match up the symbols with the job title from the Key vocabulary box.

Answers

a vendeur	b infirmier	c chauffeur	d secrétaire	
e boucher	f coiffeur	g caissier	h fermier	i dentiste
j sans travail	k agent de police	l serveur	m médecin	
n professeur	o boulanger			

1b *Copiez et complétez la grille.*

Writing. Having copied the grid, students categorise the job titles on the noticeboard, and fill in the English meaning.

Answers

Masculin	Féminin	Anglais
coiffeur	coiffeuse	hairdresser
steward	hotesse de l'air	flight attendant
boucher	bouchère	butcher
boulanger	boulangère	baker
serveur	serveuse	waiter/waitress
fermier	fermière	farmer
vendeur	vendeuse	shop assistant
infirmier	infirmière	nurse
caissier	caissière	check out assistant

1c *Notez le métier en français.*
Listening. (1–10) Students listen to the recording and note down the job in French.

Tapescript

1 *Ma sœur est coiffeuse.*
2 *Mon père est boulanger.*
3 *Mon grand-père était fermier.*
4 *Ma mère est professeur.*
5 *Ma grand-mère était serveuse.*
6 *Je voudrais être infirmier.*
7 *Mon frère voudrait être steward.*
8 *Ma tante est agent de police.*
9 *Mon oncle est médecin.*
10 *Je ne voudrais pas être secrétaire.*

Answers

1 coiffeuse	2 boulanger	3 fermier	4 professeur
5 serveuse	6 infirmier	7 steward	
8 agent de police	9 médecin	10 secrétaire	

2a *Écrivez en français.*

Writing. Students write one sentence for each family member + job symbol. Draw their attention to the Top Tip box.

Answers

1 *Ma sœur est secrétaire.*
2 *Mon père est coiffeur.*
3 *Ma belle-mère est médecin.*
4 *Mon grand-père est boucher.*
5 *Mon copain est sans travail.*
6 *Mon oncle est agent de police.*
7 *Ma mère est infirmière.*
8 *Mon frère est serveur.*

2b *À deux. Commencez une phrase avec un membre de la famille. Puis, mimez un métier. Votre partenaire complète la phrase.*

Speaking. In pairs, one student chooses a member of the family and says, for example: *Ma sœur est ...* (then mimes a job).

The partner completes the sentence, repeating the beginning then adding the name of the job being mimed.

AU BOULOT

MODULE 4

Suggestion

Demonstrate a few examples yourself to the whole class first.

3a Complétez les numéros.

Writing. Students fill in the missing letters in the numbers shown. Each star represents one letter.

Answers

| a cinquante-neuf |
| b vingt-cinq |
| c soixante |
| d quarante-trois |
| e trente-six |
| f quarante-sept |
| g vingt et un |
| h soixante-quatre |
| i cinquante-huit |
| j trente-deux |

Suggestion

Put some numbers on the board and recap how numbers 70 to 99 are formed:

e.g. 60 +10 = 70; 4 × 20 + 9 = 89 and so on.

3b Faites correspondre les numéros.

Reading. Having copied out the numbers in French, students write in the correct figure beside each number.

Answers

| 70 soixante-dix |
| 71 soixante et onze |
| 72 soixante-douze |
| 75 soixante-quinze |
| 80 quatre-vingts |
| 82 quatre-vingt-deux |
| 86 quatre-vingt-six |
| 90 quatre-vingt-dix |
| 94 quatre-vingt-quatorze |
| 99 quatre-vingt-dix-neuf |

3c C'est quel nombre? Écrivez **a**, **b** ou **c**.

Listening. (1–8) Students listen to the recording and write down the letter (**a**, **b** or **c**) of the number heard.

You could go through the French for the different alternatives given before you play the tape.

Tapescript

1 75 – soixante-quinze
2 80 – quatre-vingts
3 62 – soixante-deux
4 71 – soixante et onze
5 99 – quatre-vingt-dix-neuf
6 83 – quatre-vingt-trois
7 90 – quatre-vingt-dix
8 78 – soixante-dix-huit

Answers

| 1 b | 2 a | 3 a | 4 c | 5 c | 6 b | 7 a | 8 b |

Suggestion

Draw your students' attention to the Top Tip box which explains the way in which telephone numbers are said, in preparation for the coming exercises and work in activity 3e.

3d À deux. Notez 5 numéros de téléphone EN SECRET. Dites les numéros à votre partenaire en français. Votre partenaire note les numéros. Comparez vos résultats.

Speaking. Students work in pairs. Each student writes down five 10-digit numbers, keeping them secret. The first student then says his/her five numbers in French to his/her partner, who notes them down. The partner then says his/her numbers in French to the first student, who notes them. When both partners have finished, they compare notes to see if the numbers have been noted correctly. It is a good idea to demonstrate the activity yourself first, to the whole class, using a student partner.

3e Notez les numéros de téléphone.

Listening. (1–8) Students listen to the recording and write down the phone numbers they hear.

Tapescript (answers)

1 03 – 92 – 77 – 56 – 32
2 01 – 03 – 82 – 67 – 56
3 04 – 14 – 95 – 73 – 12
4 02 – 22 – 08 – 88 – 88
5 01 – 31 – 17 – 90 – 11
6 04 – 40 – 29 – 02 – 21
7 05 – 59 – 35 – 12 – 23
8 02 – 66 – 44 – 01 – 09

MODULE 4 AU BOULOT

1 Qu'est-ce que vous voulez faire dans la vie? (Student's Book pages 50–51)

Main topics and objectives
- Talking about your future career
- Saying where you would like to work, and with whom

Grammar
- Recognising the future tense
  Je travaillerai chaque jour
  Je voyagerai dans le monde

Key language
Je voudrais travailler …
dehors/en plein air/à l'intérieur/avec les enfants/
les personnes âgées/les gens/les malades/les animaux/
les ordinateurs

Je ne voudrais pas travailler …
dans un bureau/un magasin/une banque/
une usine/une école/le commerce/le marketing/
le tourisme/l'informatique.
Je voudrais être serveur/serveuse.
Je voyagerai dans le monde/Je travaillerai chaque jour.

Resources
Cassette B, side 1
CD 2, track 3
Cahier d'exercices, pages 26–33
Grammaire 3.6, page 171

Suggestion
Introduce the topic by explaining in simple language why you became a teacher.

1a Choisissez un emploi pour chaque personne ci-dessous.

Reading. Ask students to write down the names of the four young people. Students match each person with one of the jobs in the newspaper advertisements.

Answers
Philippe = vendeur
Sophie = opératrice d'ordinateur
Adrien = vétérinaire
Stéphanie = technicienne de laboratoire

1b Choisissez un emploi pour chaque personne.

Listening. (1–5) Students listen to the recording and match each speaker with the appropriate job from those remaining in the newspaper advertisements. They use the table for help.

Tapescript
1 Je voudrais travailler en plein air quelquefois, et puis aussi dans un bureau. Je veux travailler avec les gens, aider les gens, et avoir un métier très passionnant.
2 J'aimerais travailler avec les enfants. Ça me plairait de faire le ménage et un peu de cuisine aussi.
3 Je voudrais travailler dans le secteur du tourisme, peut-être dans le restaurant d'un de nos grands hôtels.
4 Mon rêve, c'est de travailler en plein air. Je n'ai pas envie de passer mon temps derrière un ordinateur. J'aime être dehors.
5 Soigner les malades à l'hôpital, c'est ce que je veux faire dans la vie. Ça me permettra de travailler avec les enfants et les personnes âgées aussi.

Answers
1 i	2 e	3 a	4 f	5 b

➕ Students write a sentence for each of the jobs listed in the newspaper on page 50 of the Student's Book, saying whether they would like to do that job – why? or, why not?

➕ Students use the dictionary to make a list of jobs where knowledge of French would be useful.

1c Écrivez vos projets d'avenir en français.

Writing. Ask students to write down their own plans for the future basing their sentences on the table in activity 1b.

➕ Students make a careers poster for a job of their choice.

1d À deux. En français:

Speaking. In pairs, students work through the conversation three times taking it in turns to ask the questions. The first time through, they use the first set of answers. The second time through, they use the second set of answers. Then each partner should have a go at giving their own personal answers to the questions (as indicated by the question mark). Ask your students to keep repeating the conversations, so they become increasingly fluent and faster.

2a Lisez les projets d'avenir de ces 5 jeunes. Qui …?

Reading. (1–8) Students read the texts and identify to whom each statement applies.

Answers
1 Vincent	2 Anne	3 Hassiba	4 Romain	5 Yoann
6 Anne	7 Hassiba	8 Romain		

AU BOULOT

MODULE 4

2b Qui parle? Anne, Vincent, Yoann, Hassiba ou Romain?

Listening. (1–5) Students listen to the recording and identify the speaker each time. They need to look back at the texts in activity 2a.

Tapescript

1 Si tout va bien, je serai footballeur, parce que le sport, c'est ma passion.
2 J'espère être informaticien, parce que c'est l'informatique qui m'intéresse le plus.
3 Je devrai faire des études de langues pour faire le métier qui m'intéresse. C'est un métier très dur, parce qu'il faut se concentrer tout le temps.
4 Je n'ai aucune idée de ce que je veux faire dans la vie, mais ce que je sais, c'est que je visiterai beaucoup de pays différents à l'avenir.
5 Comme il y a plein de touristes dans ma région, je travaillerai tout près de chez moi, sur un terrain de camping.

Answers

1 Vincent 2 Yoann 3 Anne 4 Romain 5 Hassiba

MODULE 4 AU BOULOT

2 Avez-vous un job?

(Student's Book pages 52–53)

Main topics and objectives
- Talking about part-time jobs and work experience

Grammar
- Interrogative pronouns
- Asking questions using intonation
  Tu travailles où?
  Tu commences à quelle heure?

Key language
Tu travailles où?
J'ai un petit job d'été.
Je travaille dans un grand hypermarché/Je distribue le courrier.
Tu commence/finis à quelle heure?
Je commence/finis à … heures.
Comment vas-tu au travail?
Je vais au supermarché en bus/en voiture/en car/ en métro/à pied.
Le trajet dure combien de temps?
Le trajet dure … minutes.
Combien est-ce que tu gagnes?
Je gagne … par heure/par semaine.
Tu aime ton job?
J'aime mon job parce que c'est bien payé/assez varié.
J'ai travaillé …

Resources
Cassette B, side 1
CD 2, track 4
Cahier d'exercices, pages 26–33
Grammaire 4.2, page 173

Suggestion

Read the newspaper article through with your class, getting different students to read the different roles.

1a Copiez et complétez la grille en français.

Reading. Having copied the grid, students fill in the details in French according to the text.

Answers

	Valérie	Fanch
Job:	travaille dans un supermarché	distribue les journaux
Heures:	8h30–17h/11h–20h	5h30
Transport:	en bus	à pied/à vélo
Salaire:	€5,90 par heure	€12,20 par semaine
Opinion:	bien payé, varié	ennuyeux, mal payé

1b Regardez les questions dans l'interview. Trouvez le français pour …

Reading. (1–6) Students find the French for the interrogative pronouns in the text.

Answers

1 où?
2 à quelle heure?
3 comment?
4 combien de temps?
5 combien?
6 pourquoi?

➕ In conjunction with *Le Détective* box, students use the question words and write three correct questions (on any subject) for each one.

1c Écoutez une autre interview. Coralie répond aux mêmes questions. Notez ses réponses.

Listening. (1–7) Students listen to the recording and hear responses to the same questions as used for 1a. They write down the speaker's answers in French.

Tapescript (Answers)

– Bonjour, Coralie. Tu travailles où?
– **Je travaille dans le centre sportif** de mon village. **Je travaille tous les samedis.**
– Tu commences à quelle heure?
– **Je commence à 9h15.**
– Tu finis à quelle heure?
– D'habitude, **je finis vers une heure quinze**, je ne fais que 4 heures par jour.
– Comment vas-tu au travail?
– **J'y vais à vélo**, parce que c'est tout près de chez moi.
– Et le trajet dure combien de temps?
– **Le trajet dure 5 minutes.**
– Combien est-ce que tu gagnes?
– **Je gagne €6,10 de l'heure.**
– Tu aimes ton job?
– **Oui, c'est chouette.**
– Et pourquoi?
– **Parce que j'adore le sport**, et j'ai l'occasion d'en faire pendant la journée. En plus, j'ai le droit d'avoir une réduction de prix pour les activités sportives, pendant le reste de la semaine.

1d À deux. Parlez de votre travail.

Speaking. Working in pairs, one student asks the seven interview questions, while the partner answers according to the set of pictures labelled **A**. They then change roles and repeat the conversation using the set of pictures labelled **B**.

AU BOULOT

MODULE 4

2a Copiez et remplissez les blancs.

Writing. Draw students' attention to the Top Tip box before they start this activity. Students fill the gaps with the correct verbs from the box.

Answers

> J'ai **travaillé** dans un bureau chez France-Télécom. J'ai **commencé** à huit heures et j'ai **fini** à quatre heures et demie. Mon patron **était** sympa. Je suis **allé** au bureau à pied. J'ai **tapé** des lettres sur ordinateur, j'ai **distribué** le courrier et j'ai **répondu** au téléphone. J'ai gagné €40 par semaine. C'**était** chouette!

2b Marc a fait son stage en entreprise aussi. Vrai ou faux?

Listening. (1–6) With your class, anticipate the sort of answers they might hear for each response. Students then listen to the recording and decide whether the sentences are true or false.

Tapescript

– Salut, j'ai fait mon stage en entreprise dans un garage local, pendant 2 semaines. C'était absolument fantastique, vraiment bien mieux que le collège. J'ai aidé dans le bureau, ce qui était pas mal, euh … et j'ai travaillé sur ordinateur pour commander des pièces de rechange, mais ce qui m'a vraiment plu le plus, c'est quand j'ai réparé des voitures avec un autre mécanicien.
– Mon patron, Monsieur Gourbeault, il était vraiment gentil avec moi.
– Je suis allé au garage en bus, et j'ai commencé à huit heures et demie tous les jours. J'ai fini à cinq heures. Et comme je l'ai déjà dit, mon stage m'a vraiment bien plu.

Answers

| 1 F | 2 V | 3 V | 4 V | 5 F | 6 V | 7 F |

2c Vous avez fait votre stage en entreprise chez Marks & Spencer. Regardez les images à côté et parlez de votre stage en entreprise.

Speaking. Working in pairs, students prepare a short talk about their work experience, based on the information given.

62

MODULE 4 AU BOULOT

3 Le monde du travail

(Student's Book pages 54–55)

Main topics and objectives
- Writing a letter of application and a CV
- Answering questions in a job interview

Grammar
- Present tense
- *Pouvoir* + inf.

Key language

Je voudrais une poste comme serveur(euse)/chef de cuisine/réceptionniste/ femme/homme de chambre.
Pendant mon stage en entreprise j'ai travaillé …
J'ai aussi un job. Je travaille …
Je peux commencer le … et continuer jusqu'au …
Je suis travailleur(euse)/sérieux(euse).
J'ai aussi un bon sens de l'humour.

Resources

Cassette B, side 1
CD 2, track 5
Cahier d'exercices, pages 26–33

Suggestion

Look at the job advertisement with your class, and get them to answer questions about where the hotel is, what kind of jobs are available, and what you have to do if you want to apply.

You could tell them about students who work abroad for their work experience, or who take holiday jobs in France. If you have older students who have done this, they may be willing to come and tell your class about their experiences.

1 Copiez la lettre de demande d'emploi dans cet hôtel, et remplissez les blancs avec les mots ci-dessous.

Reading. Students fill in the blanks in the letter using the words in the box. Encourage them to look at the words around the blanks, and to do the ones they can do first, coming back to the ones which are left.

Answers

chère, journal, poste, gens, travaillé, stage, job, sérieuse, humour, parle, CV, sentiments

R Students make up an advertisement similar to the one on page 54 of the Student's Book for another business that wants to hire staff.

2a Lisez le CV et indiquez si les phrases sont vraies ou fausses.

Reading. (1–7) Students read the CV and decide if the statements are true or false.

Answers

1 vrai 2 vrai 3 faux 4 faux 5 vrai 6 vrai 7 vrai

R Students write out in English all that they learn about Alice Smith from her letter and CV.

2b Copiez et complétez le CV de Luc.

Listening. Having copied out the CV, students listen to the recording and fill in the details in French.

Tapescript

– Eh bien, je dois vraiment faire ce CV ce soir.
– Bon, nom, c'est ROBERT … R–o–b–e–r–t … très bien, Robert. Et puis je n'ai qu'un prénom, Luc … L–u–c.
– Ok, mon adresse … numéro 5, avenue de Paris, Nice … N–i–c–e.
– Mon anniversaire c'est le 30 septembre 1986 … le trente septembre … mille neuf cent … quatre-vingt-six.
– Et le lieu de naissance? Ça c'est facile, c'est Paris.
– Bon, mes études … Ok, mon école, c'est le lycée Racine … R–a–c–i–n–e. C'est bien ça? Oui, R–a–c–i–n–e.
– Et mes matières? Oh, j'en ai pas mal … disons le français et l'anglais, les maths, la chimie, la musique, euh…, le dessin et la géographie. Ça fait combien? 1… 2 … 3 … ça fait sept, oui c'est juste. Français, anglais, maths, chimie, musique, dessin, géo. Ok, très bien.
– Ben, est-ce que j'ai de l'expérience? Mettons babysitting. C'est tout ce que j'ai fait jusqu'à maintenant.
– Et mes loisirs? Le sport, surtout, j'adore ça … et puis le rock et mettons aussi … le cinéma.

Answers

Nom: Robert
Prénoms: Luc
Addresse: 5, av. de Paris, Nice
Date de naissance: 30, septembre, 1986
Lieu de naissance: Paris
École(s): Le lycée Racine
Matières étudiées: le français, l'anglais, les maths, la chimie, la musique, le dessin, la géographie
Expérience: Babysitting
Loisirs: Le sport, le rock, le cinéma

2c Écrivez votre propre CV en français.

Writing. Students write their own CV in French.

AU BOULOT

MODULE 4

3 À deux. Vous voulez un poste dans le nouvel hôtel. Préparez vos réponses à ces questions en français. Pratiquez la conversation avec un partenaire.

Speaking. In pairs, students work through the conversation, taking it in turns to ask the questions. Encourage them to use their imagination. For example, one could be the perfect candidate, the other a disastrous one with no relevant experience nor personal qualities.

➕ Students write out the whole conversation.

4 La communication

(Student's Book pages 56–57)

Main topics and objectives
- Answering a phone call, and taking a message
- Understanding phone messages

Grammar
- Revision of verbs in the infinitive

Key language

C'est ... à l'appareil.
Je peux vous aider?
Je voudrais parler à ... s'il vous plaît.
C'est de la part de qui?
Est-ce que je peux laisser un message?
Votre nom, comment ça s'écrit?
Ça s'écrit ...
Quel est votre message?
Quel est votre numéro de téléphone?
... peut vous rappeler à quelle heure?
À partir de ...

Resources

Cassette B, side 1
CD 2, track 6
Cahier d'exercices, pages 26–33

Suggestion

Explain that answering the phone is an important skill, and point out that students may have to deal with a call from France while on work experience or doing a part-time job in this country.

1a Écoutez et pratiquez la conversation avec un partenaire.

Listening. Students listen to the recorded conversation reproduced in the book (page 56).

Tapescript
- Good morning, Eau Naturelle, can I help you?
- Bonjour, monsieur, parlez-vous français?
- Ah oui, bonjour madame. C'est Matthew à l'appareil. Je peux vous aider?
- Je voudrais parler à Monsieur Foley, s'il vous plaît.
- C'est de la part de qui?
- Je suis Fabienne Alalain.
- Merci. Ne quittez pas ... Ah, euh ... je regrette, mais il n'est pas là.
- Est–ce que je peux laisser un message?
- Bien sûr. Votre nom, comment ça s'écrit?
- Ça s'écrit A–L–A–L–A–I–N
- Et quel est votre message?
- Dites–lui que je ne peux pas venir à la réunion demain.
- Merci beaucoup, c'est noté. Quel est votre numéro de téléphone, s'il vous plaît?
- C'est le 02-45-75-89-23.
- Et Monsieur Foley peut vous rappeler à quelle heure?
- Á partir de dix heures et demie.
- Merci, merci, madame. Au revoir!

1b Trouvez le français dans la conversation pour ...

Reading. Students find these key expressions in the text and note them.

Answers

C'est Matthew à l'appareil
Je voudrais parler à ...
C'est de la part de qui?
Ne quittez pas
Il n'est pas là
Est-ce que je peux laisser un message?
Votre nom, comment ça s'écrit?
Quel est votre message?
Quel est votre numéro de téléphone?
Monsieur Foley peut vous rappeler à quelle heure?

1c Trouvez la fin de chaque message téléphonique.

Reading. (1–6) Students find the ending to each telephone message that makes sense. First, encourage them to look at the beginnings and work out exactly what they mean.

Answers

| 1 d | 2 a | 3 e | 4 f | 5 c | 6 b |

➕ Students write out the messages in English.

1d À deux. Lisez la conversation **1a**. Puis changez les détails soulignés.

Speaking. In pairs, students read the conversation at the start of the unit. They then practise reading it again but replace the highlighted words with other examples of their own. You might want to demonstrate this first. Encourage correct question intonation.

2a Écoutez les messages sur le répondeur téléphonique. Identifiez qui a téléphoné.

Listening. (1–6) Students listen to the recording and identify which picture goes with each speaker.

65

AU BOULOT

MODULE 4

Tapescript

1 – Allô ... je suis vraiment désolé, mais je ne peux pas vous voir aujourd'hui. J'ai dû aller en Amérique pour voir un autre client. C'est ...
2 – Allô, bonjour, je m'excuse mais j'avais oublié que j'ai une autre réunion aujourd'hui à 14 heures, je ne peux pas vous voir comme prévu. Est-ce qu'on peut prendre un rendez-vous pour demain? C'est ...
3 – Allô, allô, c'est ... écoutez, je vais être en retard parce que j'ai perdu les clefs de ma voiture.
4 – Bonjour, c'est ... J'ai manqué le train et il n'y a plus de trains aujourd'hui. Excusez-moi, mais je ne peux pas venir à la réunion.
5 – Allô? Allô? Écoutez, mon fils est malade, et je dois rester chez moi aujourd'hui pour m'occuper de lui. Je ne viens pas à la réunion, excusez-moi. C'est ...
6 – Bonjour, oui, écoutez, je regrette mais je me sens tellement malade que je ne peux pas vous voir aujourd'hui. je suis vraiment désolé mais je vais rester au lit. C'est ...

Answers

1 Monsieur Dubois
2 Madame Pinaud
3 Madame Chancel
4 Madame Jouve
5 Monsieur Flies
6 Monsieur Nouget

➕ Students write six messages giving strange excuses why they cannot attend a meeting. For example: *Je dois m'occuper de l'éléphant.*

2b Regardez les images **2a**. Déchiffrez les codes pour trouver les messages secrets. Qui a écrit chaque message?

Writing. Students work out the secret coded messages, and write out the message in French. They then match each message with one of the pictures used in activity 2a.

Answers

1 (alphabet numbered in order) je dois aller à une autre réunion = Mme Pinaud
2 ('a' placed between each letter) je suis malade = M. Nouget
3 (letter after used) je suis en route pour New York = M. Dubois
4 (words written backwards) j'ai perdu les clefs de ma voiture = Mme Chancel
5 (letter before used) j'ai manqué le train = Mme Jouve
6 (mixed up words) je dois m'occuper du bébé = M. Flies

2c À deux. Écrivez 3 messages téléphoniques français en code secret. Est-ce que votre partenaire peut les comprendre?

Writing. Students write their messages in French, then encode them in whichever way they want. They can give their coded messages to a partner to try to decipher. You could ask some students to put their coded messages on the board for the class to work out.

Suggestion

Write the alphabet on the board, and suggest a simple code (e.g. a number for each letter) for all to use.

MODULE 4 AU BOULOT

Entraînez-vous

(Student's Book pages 58–59)

Speaking practice and coursework

À l'oral

Topics revised
- Making a phone call
- Arranging a holiday job in France
- Talking about your ideal job
- Applying for a holiday job
- Describing your work experience

1 You are in France and decide to phone your penfriend, but he/she is out.

2 You telephone a campsite owner because you'd like a holiday job in France.

Role-play. In pairs, students perform each role-play. They can take it in turns to be the 'teacher', doing each role-play twice.

3 Talk for 1 minute on the subject of your ideal job. Make yourself a cue card.

Presentation. Students give a short talk about their ideal job. This can be:

- prepared in the classroom or at home;
- it can be recorded on tape;
- students can give their talk to a small group of other students; or
- certain students can be chosen to give their talk to the whole class.

The main thing is that students become used to speaking from notes, not reading a speech.

Questions générales

Speaking. These are key questions to practise for the oral exam, taken from the module as a whole. Students can practise asking and answering the questions in pairs. They should be encouraged to add as much detail as possible. It is often a good idea to write model answers together in class.

Tell students never to answer with just OUI or NON, but always to give a reason.

À l'écrit

Topics revised
- Describing your character and others'
- Writing a job application letter
- Describing your work experience
- Jobs for the future
- Opinions

1 Use your imagination and invent a French character for yourself. (Look at pages 54–55 for help.)

a Produce a CV for this character.

b As this character, write a letter of application for one of the jobs in the advert.

Writing. Students choose a personality for themselves. Perhaps they might imagine they are a famous person applying for the job. Encourage your students to use the frameworks provided in Unit 3, but remind them that they do not gain marks by simply copying. They must adapt the letter and CV with their own information.

2 Write a description about your work experience. If you have not done work experience, use your imagination!

Writing. Encourage your students to write in as much detail as they can, and to use their imagination when needed. As a class, you could practise looking up some verbs they may need and putting them into the Perfect tense together, to remind them about the dangers of using verbs straight from the dictionary.

À toi!

(Student's Book pages 152–153)

Self-access reading and writing at two levels.

1a Faites correspondre le titre et le bon paragraphe.

Reading. (1–4) Having read the article, students choose the right heading for each of the four paragraphs.

Answers

| 1 b | 2 d | 3 a | 4 c |

1b Répondez aux questions en anglais.

Reading. Students show their understanding of the text by writing their answers in English.

Answers

1 yes
2 world wide web
3 communicating, choosing, buying, selling
4 no
5 machines won't replace people in hospitals, schools and other service industries
6 no
7 to change; to follow different training courses at different times; to adapt themselves
8 we'll do less work and have more leisure time
9 part-time work, job sharing
10 it won't: we'll continue to work traditional hours

2 Vous faites votre stage dans un bureau en France. Vous écrivez un email à votre professeur de français. Il faut mentionner …

Writing. Students respond to the English prompts and write their message in French.

3 Écrivez une lettre en français au directeur du 'Monde de la Musique'. Il faut mentionner …

Writing. Students write a letter of application for the job advertised in the book. They must be sure to cover all the points. You could go through the task orally as a class, ensuring your students have an idea of what to write for each prompt.

AU BOULOT

MODULE 4

Cahier d'exercices, page 26

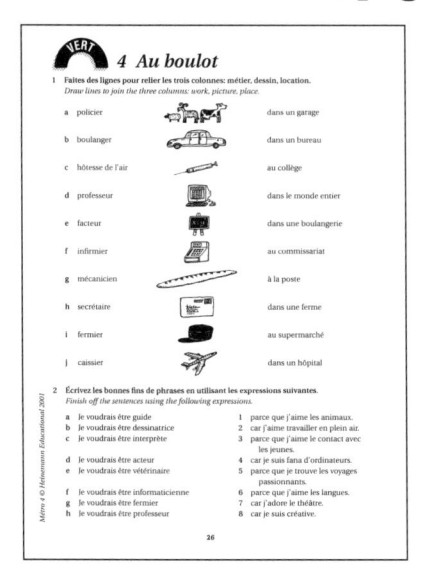

1
Answers

- **a** policier/policeman's hat/au commissariat
- **b** boulanger/bread/dans une boulangerie
- **c** hôtesse de l'air/plane/dans le monde entier
- **d** professeur/blackboard/au collège
- **e** facteur/letter/à la poste
- **f** infirmier/needle/dans un hôpital
- **g** mécanicien/car/dans un garage
- **h** secrétaire/computer/dans un bureau
- **i** fermier/animals/dans une ferme
- **j** caissier/till/au supermarché

2
Answers

a 5 b 8 c 6 d 7 e 1 f 4 g 2 h 3

Cahier d'exercices, page 27

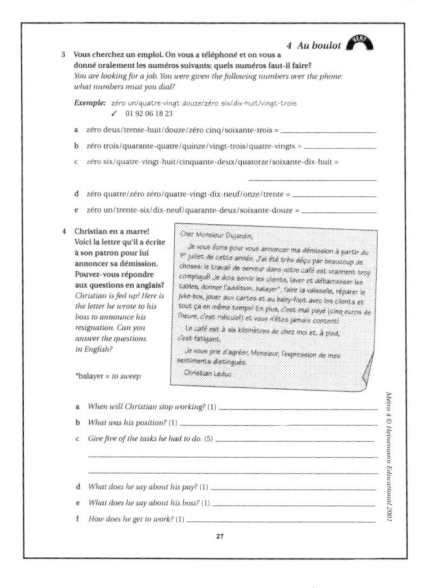

3
Answers

- **a** 02 38 12 05 63
- **b** 03 44 15 23 80
- **c** 06 88 52 14 78
- **d** 04 00 99 11 30
- **e** 01 36 19 42 72

4
Answers

- **a** From July 1st
- **b** Waiter
- **c** Any 5 from:
  Serve the customers/clean & clear the tables/ give bills/sweep floor/wash-up/ mend the juke-box/ play cards and table-football with customers
- **d** Not enough/ridiculous/€5 an hour
- **e** Never satisfied
- **f** He walks

Cahier d'exercices, page 28

5
Answers

	Job	Tasks (×2)	Starting time	Finishing time	Advantage	Drawback
Eric	waiter	wash glasses + serve customers	7am	23:00	nice customers & boss	tiring & bad pay
Amélie	hairdresser's assistant	wash hair & sweep	12pm	18:00	easy	sore feet
Arthur	bank clerk	sort mail	9am	17:00	good pay & working hours	far away from home
Gérard	care worker	chat with elderly people & prepare teas and coffees	10am	16:00	learn a lot at times	a bit boring

AU BOULOT — MODULE 4

6 (writing task)

Cahier d'exercices, page 29

6 (contd.)

Cahier d'exercices, page 30

7 Answers

| a Quel b Combien c Comment d Quelles e Que |

8 Answers

| a 5 b 9 c 10 d 3 e 8 f 1 g 6 h 2 i 7 j 4 |

Cahier d'exercices, page 31

9 Answers

| 1 b 2 a 3 a 4 a 5 c |

Cahier d'exercices, page 32

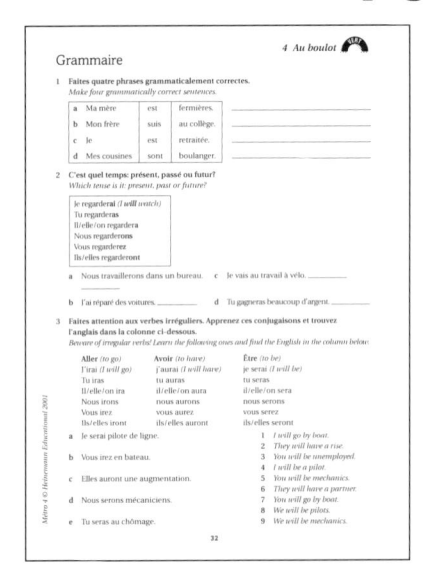

1 Answers

a Ma mère est retraitée.
b Mon frère est boulanger.
c Je suis au collège.
d Mes cousines sont fermières.

2 Answers

| a future b past c present d future |

3 Answers

| a 4 b 7 c 2 d 9 e 3 |

AU BOULOT ● MODULE 4

Cahier d'exercices, page 33

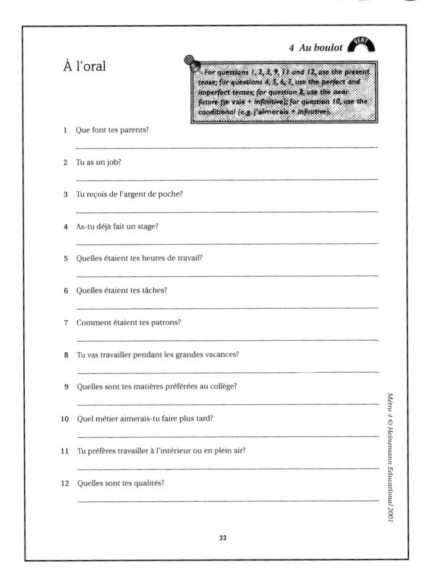

À l'oral

For questions 1, 2, 3, 9, 11 and 12, use the present tense; for questions 4, 5, 6, 7, use the perfect and imperfect tenses; for question 8, use the near future (je vais + infinitive); for question 10, use the conditional (e.g. j'aimerais + infinitive).

1 Que font tes parents?

2 Tu as un job?

3 Tu reçois de l'argent de poche?

4 As-tu déjà fait un stage?

5 Quelles étaient tes heures de travail?

6 Quelles étaient tes tâches?

7 Comment étaient tes patrons?

8 Tu vas travailler pendant les grandes vacances?

9 Quelles sont tes matières préférées au collège?

10 Quel métier aimerais-tu faire plus tard?

11 Tu préfères travailler à l'intérieur ou en plein air?

12 Quelles sont tes qualités?

Module 5: Ma ville

(Student's Book pages 62–75)

Unit	Main topics and objectives	Grammar	Key language
Déjà vu (pp. 62–65)	Saying where your town is situated Saying where in the UK/Ireland you live Saying what there is in your town	Y–il y a/il n'y a pas de …	Mon village/ma ville est situé(e) (dans le nord) (de la France). Le château/le stade/le musée/le parc/le magasin/ le collège/le syndicat d'initiative/la piscine/ l'hôtel de ville/l'hôpital/l'église Dans ma ville il y a (une stade). Il n'y a pas de (gare). J'habite à …
1 Voici ma ville (pp. 66–67)	Talking about different kinds of town Saying where a town is Saying what a town is like Saying what kinds of housing are in a town	Position of adjectives	Dans (mon village) il y a beaucoup de/plein de/pas mal de (maisons individuelles). il n'y a pas d'HLM.
2 Qu'est-ce que c'est qu'une ville typique? (pp. 68–69)	Saying what there is in a town Describing a local festival	The pronoun *on* Intonation in a list	(Surgères) est (une ville) qui se trouve dans le (sud-ouest) de (la France). C'est (joli). Il y a (un centre commercial) Il y a beaucoup de maisons individuelles. Il n y a pas d'HLM. Nous, on fête … le (date). Le matin/l'après-midi/le soir il y a (un défilé). et on (danse).
3 Nos environs (pp. 70–71)	Making comparisons Explaining pros and cons Saying if you prefer the town or the country, and why; finding out how environmentally friendly you are	Comparative adjectives	J'habite en ville/à la campagne. Je préfère habiter … La campagne est (moins sale) que la ville. La ville est (plus animée) que la campagne. Il y a moins de bruit. L'environnement est plus propre. Il n'y a aucun (cinéma). Il n'y a pas assez de magasins/il y a trop de pollution. L'avantage, c'est que …/L'inconvénient, c'est que… D'un côté …/d'un autre côté … Mais/Pourtant/Par contre …
Entraînez-vous (pp. 72–73)	Speaking practice and coursework	Revision of: Y–il y a … Position of adjectives Past, present and future tenses *Depuis* + present tense	
À toi! (pp. 154–155)	Self-access reading and writing Simple ideas for protecting the environment Describing a large town you know well Describing your own town and where you would like to live	Position of adjectives Adjectival agreement *Pouvoir/vouloir* + inf. *Il y a/il n'y a pas …* The pronoun *on* Comparative adjectives Past, imperfect, present and future tenses. *Au/à la/ à l'/aux*	

MODULE 5 MA VILLE

Déjà vu

(Student's Book pages 62–65)

Main topics and objectives

- Saying where your town is situated
- Saying where in the UK/Ireland you live
- Saying what there is in your town

Grammar

- *Il y a/il n'y a pas de …*

Key language

Mon village/ma ville est situé(e) …
… dans le nord/le sud/l'est/l'ouest/le centre de la France/de l'Angleterre/de l'Écosse/de l'Irlande/ du pays de Galles.

Le château/le stade/le musée/le parc/le magasin/ le collège/le syndicat d'initiative/la piscine/ l'hôtel de ville/l'hôpital/l'église
Dans ma ville il y a une stade/une gare/ des magasins.
Il n'y a pas de stade/gare/magasins.
J'habite à …

Resources

Cassette B, side 1
CD 2, track 7
Cahier d'exercices, pages 34–41

Suggestion

Use the map on p.63 or an OHT map of france to present the key geographical features. You could make an overlay with the names of the main towns, rivers and mountain ranges marked in. Practise locating the various places with the overlay in position, then take it away and get students to locate the places on the map.

Introduce the compass points and *'dans le centre'* as you are doing this.

1a Copiez la boussole et placez les villes au bon endroit.

Listening. (1–5) Students copy the diagram. As they listen to the recording, they write the name of the five towns given in the correct place on the diagram.

Tapescript

– *Toulon se trouve dans le sud de la France.*
– *Cognac est une petite ville située dans l'ouest de la France.*
– *Nancy est dans l'est, près de la frontière allemande.*
– *Arras est dans le nord de la France.*
– *Et Clermont-Ferrand, c'est une grande ville qui se trouve au centre de la France.*

Answers

| 1 e | 2 c | 3 b | 4 a | 5 d |

Suggestion

Use the map of the UK and Ireland on page 62 of the Student's Book to recap the home nations before students do Activity **1b**.

1b Indiquez si les phrases sont vraies ou fausses, et corrigez les phrases fausses.

Reading. (1–8) Students read the statements and decide if they are true or false. They correct the false ones by putting in the correct location.

Answers

| 1 F (sud-est de l'Angleterre) | 2 V | 3 V |
| 4 F (sud de l'Écosse) | 5 V | 6 F (nord-est de l'Angleterre) |
| 7 F (sud-est de l'Angleterre) |
| 8 F (sud-ouest de l'Angleterre) |

1c À deux. Copiez la boussole. EN SECRET, placez ces prénoms. Ensuite trouvez qui habite où.

Speaking. Students create their own answer-gap activity.

Suggestion

Demonstrate the activity at the front, with yourself and a student partner, before getting your students to work in pairs.

Each student prepares a diagram and puts each of the names given into a location

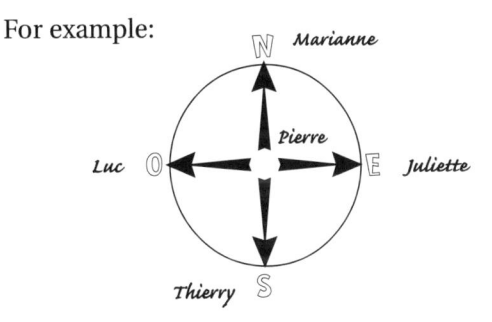

For example:

```
         N  Marianne
         |
         |
         Pierre
Luc  O --+-- E  Juliette
         |
         |
         S
      Thierry
```

In pairs, students take turns to try to find out where the five names are placed.

The first partner says, for example: *Juliette habite dans l'ouest?*

The second partner looks at the diagram they have drawn and answers OUI or NON.

Then the second partner makes a guess about the first partner's diagram. (Similar to 'Battleships').

The partner who locates all five of his/her partner's names first is the winner.

MA VILLE

MODULE 5

1d Copiez et complétez les phrases correctement.

Writing. Students look at the map and complete the sentences with the correct location.

Answers

| 1 ouest | 2 nord-est | 3 sud | 4 nord-est | 5 sud |
| 6 nord-ouest | 7 nord-ouest | 8 sud-ouest |

1e Regardez les images et écrivez les phrases en français.

Writing. Students write sentences for each set of symbols.

Answers

1 Mon village est situé dans le nord d'Angleterre.
2 Ma ville est située dans l'est de l'Écosse.
3 Ma ville est située dans l'ouest de la France.
4 Ma ville est située dans le sud du pays de Galles.
5 Mon village est situé dans l'ouest de la France.
6 Ma ville est située dans l'est de l'Angleterre.
7 Mon village est situé dans le nord de l'Écosse.
8 Mon village est situé dans le nord du pays de Galles.

Suggestion

Use pictures a–l on p.64 or an OHT of them to present the places in the town. Introduce them in gender groups.

2a Identifiez les symboles.

Reading. (a–l) Students match up each symbol with the correct word from the Key vocabulary box.

Answers

a le chateau	b l'église	c l'école	d l'hotel de ville
e le magasin	f le stade	g la gare	h le musée
i le parc	j la piscine	k le syndicat d'initiative
l l'hôpital

2b Mettez les symboles dans le bon ordre.

Listening. Students listen to the recording and write down the letters of the symbols in the order in which they are mentioned.

Tapescript

– Bonjour, messieurs dames, aujourd'hui on va faire le tour de notre belle ville.
– D'abord, vous voyez le syndicat d'initiative, qui est situé à côté de l'hôtel de ville, un très joli bâtiment, n'est-ce pas? Ensuite, on passe par l'hôpital, et vous voyez le stade de foot et de rugby.
– Là-bas, vous verrez notre rue piétonne, où se trouve la plupart de nos magasins et nos commerces. Les magasins, à droite.
– Nous passons maintenant par la gare, en route pour la piscine. Cette belle piscine est toute neuve, vous savez. Et voilà le très joli parc. Dans le parc, vous voyez le château, c'est vraiment un très beau château. À l'intérieur, il y a le musée de la ville.
– Et voilà, notre tour est terminé. Bonne journée!

Answers

| k d l f e g j i a h |

3a Faites une liste en français de ce qui existe dans ces villes/villages.

Reading. Students write down in French which amenities each place has. The aim is to get them to look for *il n'y a pas …*, and not to jump to conclusions because they see a word listed.

Answers

a une piscine, des magasins, un hôpital, une gare, des églises
b un magasin
c un hôpital, un stade, un musée, une cathédrale
d un parc, des magasins, une église, une école
e un hôtel de ville, un syndicat d'initiative, un château, des magasins

3b À deux. En français:

Speaking. In pairs, students work through the conversation four times, taking turns to ask the questions. The first time through, they use the first set of answers. The second time through, they use the second set of answers. Then each partner should have a turn in giving his/her own personal answers to the questions (as indicated by the question mark). Ask your students to keep repeating the conversations, so they become increasingly fluent and faster.

3c Écrivez 2 paragraphes.

Writing. Students write two paragraphs, one on what there is in their town, and one on what there is not. Remind them about the *Key Vocabulary* box.

MODULE 5 — MA VILLE

1 Voici ma ville

(Student's Book pages 66–67)

Main topics and objectives
- Talking about different kinds of town
- Saying where a town is
- Saying what a town is like
- Saying what kinds of housing are in a town

Grammar
- Position of adjectives
  Un ville industrielle/un village historique
  Un petit village/une jolie ville

Key language
Dans mon village/ma ville/mon quartier/ ma région …
il y a beaucoup de/plein de/pas mal de maisons individuelles/jumelées/ mitoyennes.
il n'y a pas d'HLM.

Resources
Cassette B, side 1
CD 2, track 8
Cahier d'exercices, pages 34–41
Grammaire 6.4, page 175

Suggestion

Read the texts together before starting 1a.

1a Qui (Alicia, Pierre ou Sébastien) …?

Reading. (1–7) Students read the text and write down the name of the person to whom each statement applies.

Answers

| 1 Alicia | 2 Sébastien | 3 Sébastien | 4 Alicia |
| 5 Pierre | 6 Alicia | 7 Alicia | |

1b Copiez la grille, puis catégorisez les mots en caractères gras dans les textes. Catégorisez aussi …

Reading. This exercise helps students to generate and record key vocabulary. They categorise the words and phrases in bold in the text, and also those in the box.

Answers

Sorte de lieu	Situation	Description
une grande ville	dans le sud-ouest	historique
la capitale	à 730 kilomètres de …	industrielle
la banlieue	sur la côte	agréable
un petit village	près de	joli
une île	dans le sud-est	touristique
une région	à la campagne	animée
une ville moyenne	au bord de la mer	calme
un quartier	à la montagne	moderne
		vieux
		magnifique
		beau
		important
		ancien
		typique
		tranquille

➕ Students make up eight statements about the towns featured, some true and some false and get their partner to identify the false statements.

➕ Students find six more adjectives in the dictionary that they could use to describe a town.

1c Où habitent-ils?

Listening. (1–5) Students listen to the recording and match each speaker with the correct photo.

Tapescript

1 J'habite à la Baule. C'est une station balnéaire, c'est à dire que c'est une ville touristique située au bord de la mer.
2 J'habite à Vandré, c'est un petit village très pittoresque qui se trouve à la campagne.
3 J'aime bien habiter à Genève. Genève se trouve près des Alpes et pas loin des stations de ski. J'adore faire du ski, c'est génial.
4 J'habite à Montréal au Canada. Montréal est une grande ville industrielle mais aussi une très belle ville historique.
5 J'habite à Annecy. C'est une très jolie ville située au bord d'un lac.

Answers

| 1 a | 2 b | 3 e | 4 c | 5 d |

1d Copiez et complétez les descriptions.

Writing. Students copy out the descriptions and fill in the blanks using the words at the side. Draw their attention to the Top Tip box to ensure that they look for grammatical markers to help fill in the blanks.

Answers

1 ville nord historique habitants 2 petit trouve Écosse stirling 3 montagne moyenne est kilomètres 4 côte, Atlantique, jolie

2a Identifiez les sortes de logement.

Reading. Students match up captions and photos.

Answers

| a 4 | b 2 | c 1 | d 3 |

2b Écrivez 2 phrases sur les sortes de maisons qu'il y a dans votre village/ville.

Writing. Students use the Key language box to write sentences about housing in their town. You could go over the meaning of *pas mal de, plein de* and *beaucoup de*.

MODULE 5 MA VILLE

2 Qu'est-ce que c'est qu'une ville typique? (Student's Book pages 68–69)

Main topics and objectives
- Saying what there is in a town
- Describing a local festival

Grammar
- The pronoun *on*
- Intonation in a list

Key language

(Surgères) est une ville qui se trouve dans le sud-ouest de la France.
C'est joli/touristique/tranquille.
Il y a un centre commercial/une place/une gare/des parcs/un camping/un château/une belle église/une mairie/un monument historique/un pont/un port/une gare routière/une cité/un commissariat/un théâtre/un centre sportif/une patinoire/un centre de recyclage/un marché.
Il y a beaucoup de maisons individuelles.
Il n'y a pas d'HLM.
Nous, on fête … le (date).
Le matin/l'après-midi/le soir il y a …
un défilé/un marché/un bal/un concours/un concert/des feux d'artifice/un match de foot/un spectacle
et on danse/chante/mange/boit/s'amuse/se déguise (en …)/joue (à…)/va (à …)

Resources
Cassette B, side 1
CD 2, track 9
Cahier d'exercices, pages 34–41

1a Faites correspondre les mots et les photos.

Reading. (1–14) Students match the words with the symbols.

Answers

| 1 e | 2 f | 3 c | 4 i | 5 g | 6 m | 7 a | 8 h | 9 j | 10 d | 11 k |
| 12 l | 13 n | 14 b | | | | | | | | |

1b Qu'est-ce qu'il y a dans ces villes? Notez en français.

Listening. (1–6) Students listen to the recording and write down in French the places mentioned. You may want to warn students to listen out for *il n'y a pas de …*

Tapescript

1 Il y a plein de distractions dans ma ville, y compris un théâtre, une patinoire et un cinéma.
2 Il n'y a pas de centre sportif dans mon village, il y a seulement la mairie et un café.
3 Dans ma ville, il faut visiter le pont sur la Seine. C'est la seule chose qui vaut une visite.
4 Il n'y a pas de grand centre commercial dans ma ville, mais il y a beaucoup de magasins, et un marché le mardi.
5 Ce qui est bien dans mon village, c'est le centre de recyclage, où on peut tout recycler.
6 Dans ma ville, il faut visiter les monuments historiques, et la grande place.

Answers

1 un théâtre, une patinoire, un cinéma 2 la mairie, un café 3 le pont, la Seine 4 magasins, un marché 5 le centre de recyclage 6 les monuments historiques, la grande place

Suggestion

Using the framework from activity 2, p.86 on OHT, build up a description of several places near the school with your class. After you have done an example, students themselves can come to the OHP and build up the description by asking questions and getting suggestions from the class. Use a blank overlay for each place.

2 Préparez une description de votre ville/village, et de 2 autres villes/villages dans votre région en changeant les mots colorés.

Speaking. Using the speech bubble as a model, students prepare a description of their town and two other towns. You can ask students to say their description to their partner or group. Draw your students' attention to the advice on intonation given in the Top Tip box. They can have fun practising this.

➕ Write out the descriptions.

3a Lisez le texte, puis identifiez la fête: le 14 juillet, Noël, ou le Carnaval?

Reading. (1–8) Having read the main text, students identify the festival referred to in each small text.

Answers

| 1 Noël | 2 Carnaval | 3 Noël | 4 le 14 juillet |
| 5 Carnaval | 6 Noël | 7 le 14 juillet | 8 Noël |

R Students write out in English as much as they can understand about the three festivals.

➕ Students imagine they took part in one of the festivals in activity 3a. They write a paragraph in French describing what they did, and what it was like.

3b Qu'est ce que vous faites chez vous pour faire la fête? Décrivez une fête qui existe dans votre région.

Writing. Students use the sentence-generating boxes to write about a festival in their own area.

MODULE 5 MA VILLE

3 Nos environs
(Student's Book pages 70–71)

Main topics and objectives
- Making comparisons
- Explaining pros and cons
- Saying if you prefer the town or the country, and why
- Finding out how environmentally friendly you are

Grammar
- Comparative adjectives
  Plus/moins que …

Key language
J'habite en ville/à la campagne.
Je préfère habiter …
La campagne est moins sale/plus calme/tranquille que la ville.
La ville est plus animée/dynamique que la campagne.
Il y a moins de bruit.
L'environnement est plus propre.
Il n'y a aucun cinéma.
Il n'y a pas assez de magasins/il y a trop de pollution.
L'avantage, c'est que …/L'inconvénient, c'est que…
D'un côté …/d'un autre côté …
Mais/Pourtant/Par contre …

Resources
Cassette B, side 1
CD 2, track 10
Cahier d'exercices, pages 34–41
Grammaire 6.5, page 175 and 5.2, page 174

Suggestion
Read through the two paragraphs at the top with your students, and get them to work out who prefers the country and who the town. Write *plus … que* and *moins … que* on the board. Ask students to generate sentences based on two items and an adjective which you give them. For example:
Londres   Bolton   grand
EastEnders   Brookside   amusant
le français   la géographie   intéressant
and so on.

1a Notez s'ils préfèrent la ville ou la campagne, et pourquoi.

Listening. (1–6). Having copied the grid, students fill in whether each speaker prefers the town or the country, and why.

Tapescript
1 Je pense que la campagne est plus tranquille que la ville.
2 À mon avis, la ville est moins intéressante que la campagne.
3 Je pense que la ville est plus animée que la campagne.
4 À mon avis, la campagne est moins sale que la ville.
5 Je crois que la ville est plus ennuyeuse que la campagne.
6 Je trouve que la ville est plus industrielle que la campagne.

Answers
1	la campagne/plus tranquille
2	la campagne/plus intéressante
3	la ville/plus animée
4	la ville/moins sale
5	la campagne/moins ennuyeuse
6	la ville/plus industrielle

1b Pour ou contre la vie à la campagne? Catégorisez les phrases: P (positif) ou N (négatif)

Reading. (1–10) Students read the speech bubbles and decide whether each one is positive or negative about life in the country.

Answers
| a P | b N | c P | d N | e P | f P | g N | h N | i N | j N |

1c Quelle est votre opinion? Écrivez où vous habitez (en ville ou à la campagne). Faites une liste en français de 3 avantages (+) et 3 inconvénients (–) d'y habiter.

Writing. Using what they have learned, students write a sentence to say where they live (town or country). They then write three good points and three bad points about living there. Encourage them to adapt the language from page 70 of the Student's Book.

➕ Students make up ten sentences (on any topic) comparing one thing to another.

1d Faites le Jeu-Test!

Reading. Students do the multiple choice quiz and find out how eco-friendly they are. You could ask a few members of the class to report back to the group on their result.

➕ Students make up some more questions for the *Es-tu écolo?* quiz, giving three alternative answers for each one.

➕ Students design a poster about litter, recycling or noise pollution.

MODULE 5 — MA VILLE

Entraînez-vous

(Student's Book pages 72–73)

Speaking practice and coursework

À l'oral

Topics revised
- Describing a town/area and its location
- Showing a French tourist around your town
- Talking about your favourite town

1 You are on holiday in Marmande in France and you phone your penfriend to talk about the town.

2 You are showing a French tourist around your town.

Role-play. In pairs, students take turns to be the 'teacher', doing each role-play twice.

3 Talk for 1 minute about your favourite town. Make yourself a cue card.

Presentation. Students give a short talk about their favourite town, using the structure provided for help.

This can be:
- prepared in the classroom or at home;
- it can be recorded on tape;
- students can give their talk to a small group of other students; or
- certain students can be chosen to give their talk to the whole class.

The main thing is that students become used to speaking from notes, not reading a speech.

Questions générales

Speaking. These are key questions to practise for the oral exam, taken from the module as a whole. Students can practise asking and answering the questions in pairs. They should be encouraged to add as much detail as possible. It is often a good idea to write model answers together in class.

Remind students to use phrases for pros and cons where necessary.

À l'écrit

Topics revised
- Describing your home town, what there is to do there and why you like/don't like to live there
- Describing your local area
- Giving opinions

1 Write a postcard describing your home town.

Writing. Encourage students to follow the prompts given.

2 Produce a leaflet advertising your local area.

Writing. Encourage students to bring in photos and postcards and to produce an illustrated piece of work. Remind them that it is the quality of the language, however, that counts.

MODULE 5 — À toi!
(Student's Book pages 154–155)

Self-access reading and writing at two levels.

1a Faites correspondre le paragraphe et l'image.

Reading. Having read the article, students match each photo with one of the ideas given.

Answers

| 1 e | 2 b | 3 c | 4 a | 5 d |

1b Trouvez la bonne fin pour chaque phrase.

Reading. Basing their answers on the article, students match up the start of each sentence given with the appropriate ending.

Answers

| 1 c | 2 a | 3 e | 4 b | 5 d |

1c Copiez et complétez les blancs.

Writing. Students use the words in the box to complete this paragraph which is a sixth idea for saving the environment.

Answers

protéger, partout, lunettes, tout, énergie, naturelles, vides, jamais

2 Choisissez une ville que vous connaissez bien. Copiez et complétez la fiche.

Writing. Having copied the form, students fill in the required information in French.

3 Répondez au sondage. Il faut mentionner tous les détails.

Writing. Students follow the prompts to write about their home town. Go through the prompts with your class before they attempt the task.

MA VILLE • MODULE 5

Cahier d'exercices, page 34

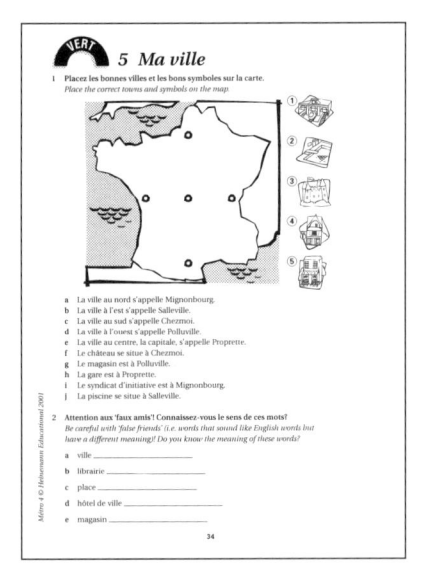

1
Answers

- **a** North: Mignonbourg; 4 tourist information
- **b** East: Salleville; 2 swimming-pool
- **c** South: Chez moi; 3 castle
- **d** West: Polluville; 5 shop
- **e** Centre: Proprette; 1 station

2
Answers

a town **b** bookshop **c** square **d** town-hall **e** shop

Cahier d'exercices, page 35

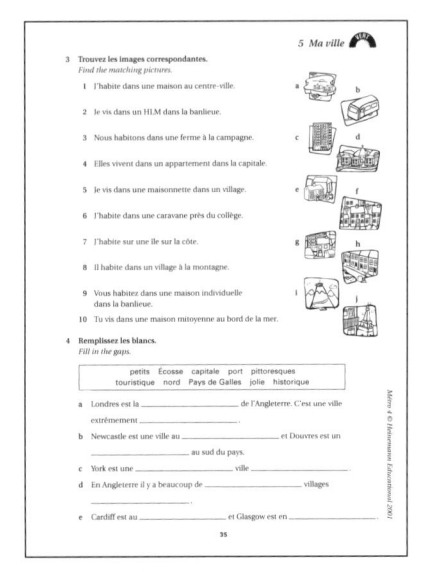

3
Answers

1 f **2** c **3** e **4** j **5** d **6** b **7** a **8** i **9** g **10** h

4
Answers

- **a** capitale/touristique
- **b** nord/port
- **c** jolie/historique
- **d** petits/pittoresques
- **e** pays de Galles/Écosse

Cahier d'exercices, page 36

5
Answers

habite/nord/Belgique/une/monuments/préféré (favori) /mais /courses (shopping)/ la Saint-Nicolas/la braderie.

6
Answers

1 c **2** f **3** g **4** i **5** b **6** d **7** a **8** j **9** h **10** e

Cahier d'exercices, page 37

MA VILLE

MODULE 5

7
Answers

Avantages: a, e, h, i (could be negative too), j.
Inconvénients: b, c, d, f, g, i (could be positive too).

8 (writing task)

Cahier d'exercices, page 38

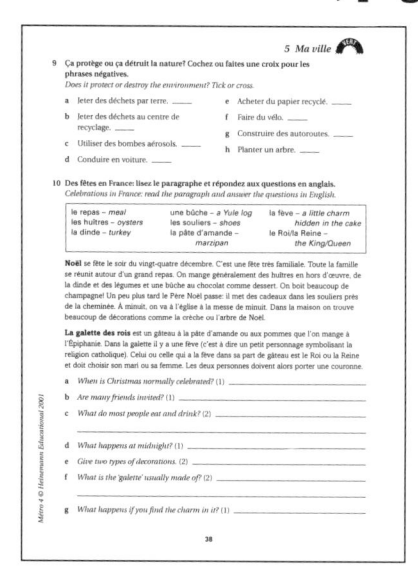

9
Answers

a ✗ b ✓ c ✓ d ✗ e ✓ f ✓ g ✗ h ✓

10
Answers

a On the 24th, in the evening.
b No, it is usually a family event.
c Oysters, turkey, vegetables, champagne.
d Most people go to Midnight Mass.
e Crib/Nativity scene, Christmas tree.
f Marzipan or apples.
g You become the King or the Queen and must choose your other half. You and your chosen partner then wear a crown.

Cahier d'exercices, page 39

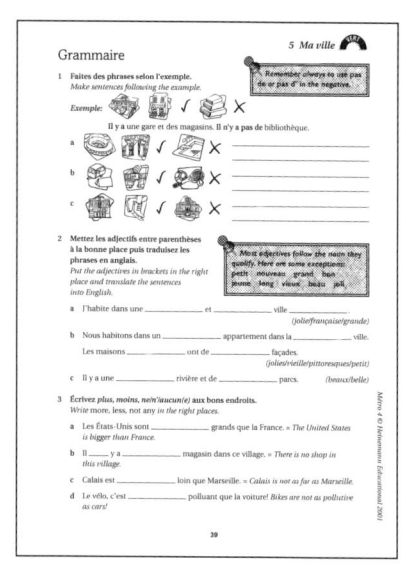

1
Answers

a Il y a un stade et un jardin public. Il n'y a pas de piscine.
b Il y a un camping et des magasins. Il n'y a pas de centre sportif.
c Il y a un cinéma et une patinoire. Il n'y a pas de château.

2
Answers

a jolie/grande/française.
I live in a pretty and large french town.
b petit/vieille/pittoresques/jolies.
We live in a small apartment in the old town. The picturesque houses have pretty facades.
c belle/beaux.
There is a beautiful river and beautiful parks.

3
Answers

a plus b n'/aucun c moins d moins

Cahier d'exercices, page 40

81

Module 6: Aux magasins

(Student's Book pages 76–89)

Unit	Main topics and objectives	Grammar	Key language
Déjà vu (pp. 76–77)	Understanding prices Understanding names of shops Describing what people are wearing Buying things	Revision of adjectival agreement	*La pharmacie/la boulangerie/la pâtisserie/ le tabac/la charcuterie/le supermarché/ la confiserie/l'épicerie/la parfumerie/la poste* *Il/Elle porte (un anorak),* *Je voudrais …/Avez-vous …?* *Je cherche …* *En (vert).* *C'est combien?* *C'est tout?* *Il n'y a plus de …* *Taille 36/40*
1 On fait un pique-nique (pp. 78–79)	Buying quantities of food	Use of *de* after quantities	*Une boîte de/une bouteille de/une douzaine de/d'/200 grammes de/2 kilos de/un litre de/ un paquet de/un pot de/un sac de …* *œufs/bananes/mousse au chocolat/jus d'orange/pommes de terre/soupe/ fromage/ vin/biscuits/chips/pommes/pain/pâté/raisin/ eau minérale/jambon/ pêches/croissants/ chocolat/coca.* *Vous désirez? Avez-vous des …?* *Combien en voulez-vous?* *Donnez-moi … s'il vous plaît.* *Et avec ça?* *Je voudrais … de …. s'il vous plaît.* *Voulez-vous autre chose?* *C'est combien? Ça fait …*
2 Les fringues (pp. 80–81)	Buying clothes	Colours with *clair/ foncé* This and that *ce/cet/cette/ces*	*Je peux vous aider?* *Je cherche (un jean).* *Quelle taille? Taille …* *Quelle couleur?* *(Vert clair)* *Est-ce que je peux l'essayer?* *Malheureusement, il est trop (petit).* *Avez-vous quelque chose de plus (grand)?* *Ce jean est en taille 40.* *Vous payez à la caisse.* *la pointure*
3 Au grand magasin (pp. 82–83)	Understanding information about a department store Talking about your pocket money	Revision of the conditional tense + inf.	*C'est au (sous-sol).* *Je reçois … par semaine de(mes parents).* *J'achète …* *Je fais des économies pour …* *J'ai assez d'argent/Ça ne suffit pas.* *Mes parents me paient …*

AUX MAGASINS

MODULE 6 — MÉTRO

Unit	Main topics and objectives	Grammar	Key language
4 À la poste et à la banque (pp. 84–85)	Posting items and buying stamps at the Post Office Phoning from a phone box Changing money and travellers' cheques	*Vouloir/pouvoir* + inf.	Je peux vous aider? Je voudrais envoyer (une lettre) (en Écosse). C'est combien? Ça fait … C'est tout? Non, je voudrais …un timbre à … euros. Où est (la cabine téléphonique)? décrochez, introduisez votre télécarte/pièce/attendez la tonalité/composez le numéro/parlez à votre correspondant(e)/retirez la télécarte/raccrochez Je voudrais changer des chèques de voyage, s'il vous plaît. Avez-vous une pièce d'identité? Voici mon passeport. Donnez-moi des billets de €50 et quelques pièces d'un cent.
Entraînez-vous (pp. 86–87)	Speaking practice and coursework	The conditional tense Revision of: Past, present and future tenses Adjectival agreement Use of *de* after quantities Colours with *clair/foncé*	
À toi! (pp. 156–157)	Self-access reading and writing Understanding signs and notices in shops Understanding information about special offers Talking about what you can buy in different shops Describing a recent visit to town Talking about the shops in your town Talking about weekend plans	*Il y a …* Use of *de* after quantities Comparative adjectives Past, present and future tenses	

MODULE 6 *Déjà vu*

(Student's Book pages 76–77)

Main topics and objectives

- Understanding prices
- Understanding names of shops
- Describing what people are wearing
- Buying things

Grammar

- Revision of adjectival agreement

Key language

La pharmacie/la boulangerie/la pâtisserie/le tabac/
la charcuterie/le supermarché/la confiserie/l'épicerie/
la parfumerie/la poste
Il/Elle porte un anorak/un chapeau/des chaussettes/
des chaussures/une chemise/une cravate/
un imperméable/une jupe/un pantalon/un pull/
une robe/une veste/un manteau.
Je voudrais …/Avez-vous …?
Je cherche …
En vert/rouge/bleu/noir/blanc.
C'est combien?
C'est tout?
Il n'y a plus de …
Taille 36/40

Resources

Cassette B, side 2
CD 2, track 11
Cahier d'exercices, pages 41–48

1 Identifiez le prix dans l'annonce.

Listening. (1–8) Students listen to the advertisement and write down the price they hear from the ones given.

Tapescript

1 Offre spéciale, une paire de baskets pour enfants, €22.90, oui €22.90 seulement, rayon sports.
2 Aujourd'hui dans notre rayon d'alimentation, nos oranges sont à 0.50 cents le kilo. C'est donné aujourd'hui messieurs-dames, 0.50 cents pour un kilo d'oranges.
3 Chaussettes de dames, €4.90 la paire ce matin. Il n'y en a pas beaucoup, allez donc les chercher immédiatement, €4.90 la paire pour de jolies chaussettes.
4 Un téléphone portable pour €76? Je rigole, non? Offre spéciale, aujourd'hui seulement, le téléphone Chatline à €76.
5 Vous aimez le chocolat? Nouveauté de Chocolat Poulain, 0.80 cents aujourd'hui le rayon confiserie. Essayez ce nouveau produit pour 0.80 cents.
6 Oh le beau bébé! Casquettes pour les petits, €4.60! En rouge, vert, bleu, où rose, ces petites casquettes à €4.60 sont fantastiques!
7 Vous aimez la musique? Tous nos CD de musique française sont aujourd'hui à €15.20, mais pour une heure seulement. Dépêchez-vous, tous nos CD sont à €15.20.
8 Vous cherchez une carte d'anniversaire? Toutes nos cartes sont à €1.60, Cartes d'anniversaires, €1.60.

Answers

1 g 2 d 3 n 4 e 5 b 6 f 7 a 8 h

Suggestion

Use pictures a–j on p.76 or an OHT of these to present the shops and shopping language. To ensure comprehension of the symbols, ask students to provide names of local shops of that type.

2a Identifiez les symboles.

Reading. Students write down the kind of shop shown in the symbol from those listed in the Key vocabulary box.

Answers

| a la parfumerie b le supermarché c la charcuterie |
| d la pharmacie e la pâtisserie f la confiserie |
| g la boulangerie h la poste i le tabac j l'épicerie |

2b Notez la lettre du bon symbole.

Listening. (1–10) Write down the letter of the correct symbol.

Tapescript

1 Pardon, où est la pâtisserie, s'il vous plaît?
2 Est-ce qu'il y a une pharmacie près d'ici?
3 Pour aller à la poste, s'il vous plaît?
4 Où est l'épicerie, s'il vous plaît?
5 Excusez–moi, je cherche une boulangerie. Est-ce qu'il y en a une près d'ici?
6 Où est le tabac le plus proche, s'il vous plaît?
7 Où est le supermarché?
8 Est-ce qu'il y a une parfumerie dans cette ville?
9 Excusez-moi. Où est la charcuterie?
10 Je voudrais aller à la confiserie. C'est où exactement?

Answers

1 e 2 d 3 h 4 j 5 g 6 i 7 b 8 a 9 c 10 f

2c Trouvez un exemple de chaque sorte de magasin dans votre ville la plus proche.

Writing. Students write one sentence for each type of shop given, naming a local shop of each type.

For example: *Boots est une pharmacie.*

Remind your students that *le* changes to *un* and *la* changes to *une*.

AUX MAGASINS

MODULE 6

Suggestion

Use the pictures on p.77 or pictures from magazines to present the items of clothing. You could present items according to gender. Alternatively, fill a black bag with one of each item of clothing, and present clothing by drawing things out of the bag.

3a Regardez les photos. Faites une liste des vêtements de chaque personne. Commencez par: *Il/elle porte …*

Answers

> 1 Elle porte une robe et des chaussures.
> 2 Elle porte un pull, une veste, une jupe et des bottes.
> 3 Il porte une veste, un pantalon, une chemise, une cravate, des chaussettes et des chaussures.
> 4 Il porte un imperméable, une chemise, une cravate, un pantalon et un chapeau.

Writing. Students describe the clothes worn, starting with *il/elle porte …*

Students can add colours to their description.

3b Qu'est-ce qu'ils veulent acheter? Notez le vêtement, la couleur, et s'ils l'ont dans le magasin (✓), ou pas (✗).

Listening. (1–6) Recap *il n'y a plus de …* before starting the activity. Students listen to the recording and write down in French the item and colour requested by each speaker. They tick or cross to show whether or not the item is in stock.

Tapescript

1 – Bonjour, je voudrais une jupe.
  – Quelle couleur?
  – Bleu.
  – Voilà une jolie jupe bleue.
2 – Salut, je cherche un pantalon.
  – Quelle couleur voulez-vous?
  – Noir.
  – Voici un pantalon noir.
3 – Bonjour, avez-vous des vestes?
  – De quelle couleur?
  – Vert.
  – Je regrette, il n'y en a plus.
4 – Bonjour, je voudrais des chaussures.
  – Quelle couleur cherchez-vous?
  – Rouge
  – Ah, excusez-moi, mais il n'y a pas de chaussures rouges.
5 – Salut, avez-vous une paire de chaussettes?
  – Quelle couleur?
  – Jaune
  – Oui, voilà.
6 – Bonjour, je cherche une robe.
  – De quelle couleur?
  – Blanc.
  – Mmm … il n'y a plus de robes blanches dans ce magasin.

Answers

> 1 une jupe, bleu, ✓   2 un pantalon, noir, ✓
> 3 des vestes, vert, ✗   4 des chaussures, rouges, ✗
> 5 des chaussettes, jaune, ✓   6 une robe, blanc, ✗

3c À deux. En français:

Speaking. Students work with a partner. Ask them to work through the conversation four times, taking it in turns to ask the questions. The first time through, they use the first set of answers. The second time through, they use the second set of answers. Then each partner should have a turn in giving their own personal answers to the questions (as indicated by the question mark). Ask your students to keep repeating the conversations, so they become increasingly fluent and faster.

3d Faites une liste de 4 vêtements (+ couleur) pour chaque événement.

Writing. Students write down what they would wear on the five occasions given. Draw their attention to the Rappel box about adjectival agreement, and also remind them to put the colour after the noun.

MODULE 6 AUX MAGASINS

1 On fait un pique-nique

(Student's Book pages 78–79)

Main topics and objectives
- Buying quantities of food

Grammar
- Use of *de* after quantities
  Une boîte de chocolats/beaucoup de magasins

Key language

Une boîte de/une bouteille de/une douzaine de/d'/ 200 grammes de/2 kilos de/un litre de/un paquet de/ un pot de/un sac de ...
œufs/bananes/mousse au chocolat/jus d'orange/ pommes de terre/soupe/fromage/vin/biscuits/chips/ pommes/pain/pâté/raisin/eau minérale/jambon/ pêches/croissants/chocolat/coca.

Vous désirez?
Avez-vous des ...?
Combien en voulez-vous?
Donnez-moi ... s'il vous plaît.
Et avec ça?
Je voudrais ... de .... s'il vous plaît.
Voulez-vous autre chose?
C'est combien?
Ça fait ...

Resources
Cassette B, side 2
CD 2, track 12
Cahier d'exercices, pages 41–48
Grammaire 2.3, page 167

Suggestion
If possible, bring in some food stuffs and present the quantities with what you have available. Alternatively, look at the *Chez Super M* leaflet together and ask a few questions about goods, prices and quantities before the students tackle activity 1a.

1a Ils paient combien? Notez le prix.

Listening.(1–8) Students listen to the recording. They find out the price each speaker would pay by looking at the *Chez Super M* leaflet, and note it down.

Tapescript
1 Bonjour, madame. Je voudrais un paquet de chips, s'il vous plaît.
2 Bonjour, monsieur. Donnez-moi un kilo de raisin blanc, s'il vous plaît.
3 Il me faut des baguettes, s'il vous plaît. J'en voudrais deux – deux baguettes.
4 Six yaourts, s'il vous plaît monsieur.
5 Trois boîtes de coca, s'il vous plaît. On a soif, vous savez.
6 Et avec ça, trois bouteilles d'eau minérale aussi, s'il vous plaît.
7 Je voudrais du lait, s'il vous plaît. Deux litres, s'il vous plaît.
8 Bonjour, madame. Je voudrais deux camemberts, s'il vous plaît.

Answers

| 1 €0,85 | 2 €1,40 | 3 €1,00 | 4 €1,60 | 5 €1,95 | 6 €2,30 |
| 7 €1,30 | 8 €3,60 | | | | |

1b Complétez ces phrases avec une quantité.

Reading. (1–7) Students complete each phrase by finding the quantity on the *Chez Super M* leaflet. These quantities are key vocabulary and should be learned.

Answers

| 1 paquet | 2 pot | 3 litre | 4 grammes | 5 boîte |
| 6 kilo | 7 bouteille | | | |

✚ Students produce a leaflet like the *Chez Super M* one for their local supermarket, featuring different foods.

1c Formez des phrases logiques.

Reading. (1–9) Students choose an ending which makes sense for each quantity shown. Each ending is used only once. Several variations are possible – accept any logical answers.

Answers

1 soupe	2 vin	3 œufs	4 fromage
5 bananes/(pommes de terre)		6 jus d'orange/vin
7 biscuits	8 mousse au chocolat	9 pommes de terre

✚ Students use the dictionary to find nine different items to go with the quantities.

2a Écoutez ces conversations à l'épicerie. Notez les détails qui manquent.

Listening. (1–4) Before starting this activity, ask the students to write out the numbers as follows:

1 a	2 a	3 a	4 a ....
b	b	b	b ....
c	c	c	c ....
d	d	d	d ....
e	e	e	e ....

Students listen to the recording, and write down in French the missing answers for each of the four conversations.

86

AUX MAGASINS

MODULE 6

You might like to go through the conversation first of all with your class, anticipating the type of answer they will hear in each gap.

Tapescript

1 Vend: *Bonjour, monsieur. Vous désirez?*
   Cl: *Avez-vous des bananes?*
   Vend: *Oui, combien en voulez-vous?*
   Cl: *Donnez-moi 2 kilos, s'il vous plaît.*
   Vend: *Voilà. Et avec ça?*
   Cl: *Je voudrais une bouteille de vin rouge, s'il vous plaît.*
   Vend: *Une bouteille de vin rouge, voilà. Voulez-vous autre chose?*
   Cl: *Euh… non, c'est tout. Ça fait combien?*
   Vend: *Ça fait €4,90.*

2 Vend: *Bonjour, madame. Vous désirez?*
   Cl: *Avez-vous des tomates?*
   Vend: *Oui, combien en voulez-vous?*
   Cl: *Donnez-moi 500 grammes, s'il vous plaît.*
   Vend: *Voilà. Et avec ça?*
   Cl: *Je voudrais un paquet de biscuits au chocolat, s'il vous plaît.*
   Vend: *Un paquet de biscuits au chocolat, voilà. Voulez-vous autre chose?*
   Cl: *Non, c'est tout. Ça fait combien?*
   Vend: *Ça fait €2,55.*

3 Vend: *Bonjour, monsieur. Vous désirez?*
   Cl: *Avez-vous des œufs?*
   Vend: *Oui, combien en voulez-vous?*
   Cl: *Donnez-moi une demi-douzaine, s'il vous plaît.*
   Vend: *Voilà. Et avec ça?*
   Cl: *Je voudrais 2 litres de lait, s'il vous plaît.*
   Vend: *2 litres de lait, voilà. Voulez-vous autre chose?*
   Cl: *Non, c'est tout. Ça fait combien?*
   Vend: *Ça fait €2,75.*

4 Vend: *Bonjour, madame. Vous désirez?*
   Cl: *Avez-vous des carottes?*
   Vend: *Oui, combien en voulez-vous?*
   Cl: *Donnez-moi 3 kilos, s'il vous plaît.*
   Vend: *Voilà. Et avec ça?*
   Cl: *Je voudrais un pot de yaourt, s'il vous plaît.*
   Vend: *Un pot de yaourt. Voilà. Voulez-vous autre chose?*
   Cl: *Non, c'est tout. Ça fait combien?*
   Vend: *Ça fait €1,95.*

Answers

1a bananes	2a tomatoes	3a œufs	4a carottes
b 2 kilos	b 500g	b une demi-douzaine	b 3 kilos
c une bouteille	c un paquet	c 2 litres	c un pot
d vin rouge	d biscuits	d lait	d yaourt
e €4,90	e €2,55	e €2,75	e €1,95

2b À deux. Répétez la conversation les détails ci-dessous.

Speaking. Working in pairs, students use the same conversation framework as in activity 2a. They take it in turns to be the customer, and use the information given for the answers.

✚ Students write out the conversation for activities 2b, 1 and 2. They then write a third similar conversation of their own.

3a On fait un pique-nique. C'est la liste de qui?

Reading. A simple matching exercise in which students look at the contents of the supermarket baskets and work out whose basket matches each list.

Answers

| 1 Juliette | 2 Thomas | 3 Yann | 4 Marie-Claire |

3b Préparez une liste pour un pique-nique pour votre classe entière.

Writing. Students write down the food they would need for a picnic for the whole class. Encourage them to write a quantity beside each item.

MODULE 6 AUX MAGASINS

2 Les fringues

(Student's Book pages 80–81)

Main topics and objectives
- Buying clothes

Grammar
- Colours with *clair/foncé*
- This and that
  Ce/cette/cet/ces

Key language
Je peux vous aider?
Je cherche un jean/un pull/un anorak.
Quelle taille? Taille …
Quelle couleur?
Vert clair/vert foncé/noir/bleu
Est-ce que je peux l'essayer?
Malheureusement, il est trop petit/grand.
Avez-vous quelque chose de plus petit/grand?
Ce jean est en taille 40.
Vous payez à la caisse.
la pointure

Resources
Cassette B, side 2
CD 2, track 13
Cahier d'exercices, pages 41–48
Grammaire 6.2, page 174 and 6.6, page 176

Suggestion
Read through the conversation on p.80 together before doing activity 1a.

1a Lisez la conversation. Qu'est-ce qu'elle achète?

Reading. Students follow the conversation in the book. They then decide which of the four pairs of jeans shown is the one the speaker buys.

Answer

C

1b Choisissez les bonnes lettres pour chaque conversation.

Listening. (1–5) Students listen to the recording and write down four letters, in order, for each conversation: the item, the size, the colour and the problem.

R Go through the alternatives given before playing the recording.

Tapescript

1 – *Bonjour, mademoiselle. Vous désirez?*
   – *Je cherche* **une jupe**.
   – *Quelle taille?*
   – *Taille* **44**.
   – *Et quelle couleur?*
   – **Bleu clair**, *s'il vous plaît.*
   – *D'accord, … un moment … voilà.*
   – *Est-ce que je peux l'essayer?*
   – *Bien sûr.*
   – *Malheureusement elle est* **trop courte**. *Avez-vous quelque chose de plus long?*
   – *Oui, cette jupe est plus longue, regardez.*
   – *Merci, je la prends.*
   – *Très bien, pouvez-vous payer à la caisse?*
2 – *Bonjour, monsieur. Est-ce que je peux vous aider?*
   – *Oui, avez-vous des* **vestes**?
   – *Mais bien sûr, vous faites quelle taille?*
   – *Taille* **40**.
   – *Et quelle couleur?*
   – *Je préfère le vert,* **vert foncé**, *s'il vous plaît.*
   – *D'accord, un moment … voilà.*
   – *Est-ce que je peux l'essayer?*
   – *Bien sûr.*
   – *C'est* **trop long** *pour moi. Avez-vous quelque chose de plus court?*
   – *Oui, cette veste est moins longue, regardez.*
   – *D'accord, je la prends.*
   – *Très bien, vous pouvez payer à la caisse s'il vous plaît.*
3 – *Je cherche* **un short** *parce que je pars en vacances.*
   – *Quelle taille voulez-vous?*
   – *Taille* **42**, *je crois.*
   – *Et quelle couleur?*
   – **Bleu foncé**, *s'il vous plaît.*
   – *D'accord, un moment … voilà un joli petit short en 42.*
   – *Est-ce que je peux l'essayer?*
   – *Bien sûr.*
   – *Malheureusement ce short est* **trop étroit**. *Avez-vous quelque chose de plus large?*
   – *Oui, ce short est un peu plus large, mais pas trop.*
   – *Merci, je le prends.*
   – *Très bien, vous payez là-bas à la caisse.*
4 – *Bonjour, madame. Vous désirez?*
   – *Je voudrais une paire de* **chaussures**.
   – *Quelle pointure?*
   – *Je fais du* **38**.
   – *Et quelle couleur?*
   – **Noir**, *s'il vous plaît.*
   – *D'accord, un moment … voilà. essayez-les … . Ça va?*
   – *Non, elles sont* **trop petites**. *Quel dommage. Est-ce que vous les avez dans une autre couleur?*
   – *Mais non madame, je suis désolé.*
5 – *Bonjour, monsieur. Qu'est-ce que vous cherchez?*
   – *Je cherche un* **pullover** *pour l'anniversaire de ma mère …*
   – *Et votre mère, elle fait quelle taille?*
   – *Elle fait du* **46**.
   – *Et quelle couleur est-ce que vous voulez?*
   – *Elle adore le vert. Qu'est-ce que vous avez en* **vert clair**?
   – *Un moment … ce pullover est en vert clair en laine pure, à €68,60.*
   – *Oh, il est très joli, mais* **trop cher**.

AUX MAGASINS

MODULE 6

Answers

| 1 d, d, b, d | 2 c, b, c, a | 3 b, c, a, e | 4 e, a, e, b |
| 5 a, e, d, c |

➕ Using their answers for activity 1b, students try to reconstruct two of the conversations they heard on tape.

1c À deux. Répétez la conversation **1a** en utilisant les détails ci-dessous.

Speaking. Students read through the conversation in activity 1a, changing it as required for the details given.

2 Faites correspondre la phrase et l'image.

Speaking. Students match up the phrases with the pictures.

Answers

| 1 e 2 d 3 c 4 b 5 a 6 f |

3 Répondez à ces questions en anglais.

Reading. Students answer the questions in English. Remind them that the number of marks shows how many details they should have in their answer.

Answers

1 light green, light blue, dark blue
2 leather
3 €18,30
4 one size more than your usual size
5 pure wool
6 white, beige, grey or black
7 2 coloured, jacket has zipped pockets, trousers have side pockets, 100% polyester
8 yes

➕ Students write their opinion of each of the items in the catalogue and say why they like or dislike them.

89

3 Au grand magasin

(Student's Book pages 82–83)

Main topics and objectives
- Understanding information about a department store
- Talking about your pocket money

Grammar
- Revision of the conditional tense + inf.

Key language

C'est au sous-sol/au premier/deuxième/troisième étage.
Je reçois ... par semaine de mes parents/de ma mère.
J'achète ...
Je fais des économies pour ...
J'ai assez d'argent/Ça ne suffit pas.
Mes parents me paient ...

Resources
Cassette B, side 2
CD 2, track 14
Cahier d'exercices, pages 41–48

Suggestion
Look at the *Galeries Lafayette* floor plan leaflet together and ask a few questions about where various departments are, to introduce students to the word 'rayon', before students tackle activity 1a.

1a À tour de rôle. C'est à quel étage?
Speaking. (1–8) Students read the queries and look at the *Galeries Lafayette* leaflet. They tell each other the floor to go to in each case.

Answers

| 1 1er | 2 3ème | 3 rez-de-chaussée | 4 rez-de-chaussée |
| 5 3ème | 6 3ème | 7 sous-sol | 8 3ème |

➕ Students make up eight more statements and get a partner to find the right floor for each.

1b Identifiez le rayon du magasin.
Listening. (1–8) Students listen to the recording and look at the *Galeries Lafayette* leaflet. They write down, in French, the department each speaker needs.

Tapescript
1 Bonjour madame, je cherche un maillot de bain pour ma fille. Elle a 5 ans.
2 Avez-vous le nouvel album de Quick Nick sur cassette, s'il vous plaît?
3 Je voudrais un radio-réveil, s'il vous plaît.
4 Bonjour monsieur, je cherche un cadeau de mariage.
5 Je voudrais un jeu de société, avez-vous un Scrabble ou Cluédo, s'il vous plaît?
6 Bonjour madame, je cherche un imperméable pour mon mari. Il n'aime que le noir.
7 Avez-vous un journal anglais, mademoiselle?
8 Bonjour, où est-ce que je peux trouver des sandales, s'il vous plaît?

Answers

1 vêtements pour enfants	2 musique	3 électroménager
4 maison des cadeaux	5 jouets	
6 vêtements pour homme	7 libraire	8 chaussures

2a Qui ...?
Reading. Students read the pocket money survey and then identify the person, or people, to whom each statement applies. Draw your students' attention to the Top Tip box and get them to work out which statements apply to more than one person before they start the task.

Answers

1 Angélique	2 Audrey	3 Olivier	4 Angélique
5 Olivier, Angélique, Audrey	6 Angélique, Yann
7 Olivier, Audrey, Angélique	8 Angélique, Yann

2b Dans la lettre d'Olivier, trouvez le français pour ...
Reading. Students find these key phrases in the first of the letters.

Answers

1 je reçois de l'argent de poche de ...
2 j'ai ... par semaine
3 avec mon argent j'achète ...
4 je fais des économies parce que ...
5 j'ai assez d'argent de poche
6 mes parents me paient ...

2c Copiez et complétez la grille en français.
Listening. (1–5) Having copied the grid, students listen to the recording and write down the relevant information in French.

AUX MAGASINS

MODULE 6

Tapescript

1 Je suis Jacques. Je reçois €6,85 par semaine de mes parents. Avec mon argent de poche, j'achète des jeux électroniques et des billets de cinéma. J'ai assez d'argent, moi.

2 Je m'appelle Feyrouze. Toutes les semaines, je reçois €9,15 de mon père. C'est généreux, n'est-ce pas? Mais je dois acheter tous mes vêtements et mes affaires pour le collège – cahiers, stylos, crayons – avec cet argent.

3 Je suis Luc. Je ne reçois pas d'argent de poche, mais je travaille dans le jardin de mon grand-père, et il me donne €15,20 par mois. Je n'achète pas grand-chose: du chewing-gum, des magazines de temps en temps. Il me reste assez pour faire des économies pour une mobylette.

4 Je suis Louise, et j'ai €4,60 par semaine, mais je dois les gagner en aidant à la maison. C'est mon père qui me les donne. J'achète des bijoux et des cadeaux. J'aimerais avoir un peu plus d'argent à moi, pour être un peu plus libre.

5 Je m'appelle Boris. Je ne reçois pas d'argent de poche. Mes parents m'achètent ce dont j'ai besoin, et c'est tout. Ça va très bien comme ça.

Answers

	Prénom	combien?	quand?	de qui?	achète?
1	Jacques	€6,85	par semaine	parents	jeux électroniques, …
2	Feyrouze	€9,15	Totes les semaines	père	vêtements, affaires pour le collège
3	Luc	€15,20	par mois	grand-père	chewing gum magazines
4	Louise	€4,60	par semaine	père	bijoux, cadeaux
5	Boris	—	—	—	—

R Students complete the grid for each of the young people in the *Galeries Lafayette* survey.

2d Préparez un paragraphe sur votre argent de poche (réel ou imaginaire).

Writing. Using the key phrases they have picked out in activity 2c, students write a paragraph about their own pocket money. Remind them they do not have to tell the truth.

Encourage students to use other expressions from the texts.

R Students imagine they have unlimited pocket money. They use the dictionary to make a list of ten things they would buy.

MODULE 6

4 À la poste et à la banque

(Student's Book pages 84–85)

Main topics and objectives

- Posting items and buying stamps at the Post Office
- Phoning from a phone box
- Changing money and travellers' cheques at the bank

Grammar

- *Vouloir/pouvoir* + inf.

Key language

Je peux vous aider?
Je voudrais envoyer …
une lettre/une carte postale/un paquet
en Écosse/en Angleterre/en Irlande/au pays de Galles.
C'est combien? Ça fait …
C'est tout?
Non, je voudrais …un timbre à … euros.
Où est la cabine téléphonique/la boîte aux lettres?
décrochez, introduisez votre télécarte/pièce/
attendez la tonalité/composez le numéro/
parlez à votre correspondant(e)/retirez la télécarte/
raccrochez
Je voudrais changer des chèques de voyage,
s'il vous plaît.
Avez-vous une pièce d'identité?
Voici mon passeport.
Donnez-moi des billets de €50 et quelques pièces
d'un cent.

Resources

Cassette B, side 2
CD 2, track 15
Cahier d'exercices, pages 41–48

Suggestion

Work on activity 1a together first of all, and introduce the students to the different options. You can take one of the roles and different students can then provide the options.

1a À deux. Répétez cette conversation.

Speaking. Working in pairs, students go through the conversation several times, using the symbols given to vary their answers.

➕ Students write out two different conversations at the Post Office.

1b Qui parle?

Listening. (1–6) Students listen to the recording and identify the speaker by using the pictures.

Suggestion

Go through the pictures with your class and anticipate what they will hear for each speaker.

Tapescript

1 Est-ce qu'il y a une cabine téléphonique près d'ici, s'il vous plaît?
2 J'aimerais envoyer ce paquet en Écosse, s'il vous plaît.
3 Je voudrais envoyer cette lettre en Irlande.
4 C'est combien pour envoyer ces cartes postales au pays de Galles, s'il vous plaît?
5 Donnez-moi cinq timbres à €.46, s'il vous plaît.
6 Où est la boîte aux lettres?

Answers

| 1 Boris | 2 Thomas | 3 Marie-Claire | 4 Juliette | 5 Anna |
| 6 Yann |

2 Mettez les instructions dans le bon ordre. Puis écoutez pour vérifier vos réponses.

Reading. Students read the instructions from inside a phone box and put them in the order required to make a call.

Tapescript (Answers)

décrochez
introduisez votre télécarte ou votre pièce
attendez la tonalité
composez le numéro
parlez à votre corespondant(e)
raccrochez
retirez la télécarte

3a Écoutez la conversation à la banque et trouvez les bonnes réponses.

Listening. (1–4) Students listen to the conversation and write down the letter of the answer for each question.

Tapescript

– Je peux vous aider?
– Euh, oui. Je voudrais changer des chèques de voyage, s'il vous plaît.
– Avez-vous une pièce d'identité?
– Oui, voici mon passeport.
– Quelle sorte de billets voulez-vous?
– Donnez-moi des billets de €100, s'il vous plaît.
– Voulez-vous de la monnaie aussi?
– Je veux bien, est-ce que je peux avoir quelques pièces d'un cent?

Answers

| 1 c | 2 d | 3 b | 4 a |

AUX MAGASINS

MODULE 6

3b Identifiez l'argent reçu par chaque client.

Listening. (1–5) Students listen to the recording and match one of the sums of money shown with each speaker.

R Before you listen to the recording, go through the sums of money with your class so they are able to recognise the amounts.

Tapescript

1 *Quelle sorte de billets voulez-vous?*
  Donnez-moi trois billets de €200, et quelques pièces d'un cent, s'il vous plaît.
2 *Qu'est-ce que vous voulez comme argent?*
  5 billets de €100, si possible.
3 *Quelles sortes de billets voulez-vous, mademoiselle?*
  Je voudrais 3 billets de €500, et 5 billets de €100 s'il vous plaît.
4 *Comment voulez-vous l'argent?*
  Mmm voyons ... donnez-moi 3 billets de €100, et un billet de €200, s'il vous plaît.
5 *Qu'est-ce que vous voulez comme argent?*
  Est-ce que je peux avoir 10 billets de €100, et quelques pièces de 10 cents, s'il vous plaît?

Answers

1 d   2 a   3 c   4 e   5 b

3c À deux. En français.

Speaking. In pairs, students practise the conversations, putting the English into French.

4 Copiez et complétez la grille en anglais.

Listening. (1–6) Having copied the grid, students listen to the recording and note in English the two pieces of information for each speaker.

R Write the four requests and the four problems on the board, but not in the right order. Students must then match each speaker with the correct request and problem.

Tapescript

1 – *Je voudrais changer des chèques de voyage, s'il vous plaît.*
  – *Avez-vous une pièce d'identité?*
  – *Ah zut, j'ai laissé mon passeport à la maison.*
2 – *Bonjour, madame. Je voudrais des timbres, s'il vous plaît.*
  – *Je suis désolée, mais on ne vend pas de timbres ici. Il faut aller dans un bureau de tabac.*
3 – *Est-ce qu'il y a un téléphone ici?*
  – *Oui, il y a une cabine téléphonique, mais ça marche pas en ce moment. Le téléphone est cassé.*
4 – *Bonjour mademoiselle. Je voudrais envoyer ce paquet en Angleterre, s'il vous plaît.*
  – *Oui. Ça fait €6,50.*
  – *Ah non, je n'ai pas assez d'argent.*
5 – *Je veux téléphoner en Angleterre, mais le téléphone n'accepte pas mes pièces.*
  – *Il faut une télécarte pour téléphoner de cette cabine, mademoiselle.*
6 – *Bonjour, monsieur. Je voudrais 10 timbres, s'il vous plaît.*
  – *Excusez-moi, mais je n'ai pas de timbres ici. Il faut aller à la caisse numéro 4.*

Answers

	Wants	Problem
1	change traveller's cheques	passport at home
2	stamps	don't sell stamps
3	telephone	telephone is broken
4	send a parcel to England	not enough money
5	phone England	phone won't accept her coins/needs a phonecard
6	10 stamps	no stamps here, have to go to the till

MODULE 6 AUX MAGASINS

Entraînez-vous

(Student's Book pages 86–87)

Speaking practice and coursework

À l'oral

Topics revised
- Buying food/clothing
- Talking about your money and how you spend it
- Preparing a shopping list

1 You are at a market in France.

2 You are in a clothes shop in France.

Role-play. Ask students to work in pairs. They can take it in turns to be the 'teacher', doing each role-play twice.

3 Talk for 1 minute about money. Make yourself a cue card.

Presentation. Students are to give a short talk about pocket money. In this and subsequent modules, prompts for the 'presentation' are given in French. You will probably want to spend some time in class going through the prompts.

This can be:
- prepared in the classroom or at home;
- it can be recorded on tape;
- students can give their talk to a small group of other students; or
- certain students can be chosen to give their talk to the whole class.

The main thing is that students become used to speaking from notes, not reading a speech.

Questions générales

Speaking. These are key questions to practise for the oral exam, taken from the module as a whole. Students can practise asking and answering the questions in pairs. They should be encouraged to add as much detail as possible. It is often a good idea to write model answers together in class.

Encourage them to use the delaying tactics in the Top Tip box when appropriate.

À l'écrit

Topics revised
- Preparing a detailed shopping list
- Writing about a lottery win
  - what you bought (past tense)
  - a holiday
  - future plans
  - how you feel

1 Prepare a detailed shopping list. Imagine you are going into town at the weekend and think of four shops you will visit. For each shop write a sentence saying:

- the shop's name
- what type of shop it is
- at least 3 things you are going to buy there
- why you are going to buy 1 of the items

Writing. The structure given encourages students to write full sentences. You can simplify the task yet further by simply asking students to write the name of a shop and three or four things they will buy there.

2 Write an account of what you did when you won the Lottery.

Writing. Encourage students to use their imagination. They can use the dictionary to look up particular nouns to enhance their account. Remind them to use what they have learned in this chapter.

MODULE 6 — À toi!

(Student's Book pages 156–157)

Self-access reading and writing at two levels.

1 Répondez à ces questions en anglais.

Reading. Students read the signs and notices and answer the questions in English.

Answers

1 closed
2 open until until 8pm
3 the lift
4 50% off cassettes
5 pull
6 melons 90 cents each
7 sale from 1st August
8 leather trousers, €68,60
9 don't wash in hot water
10 push

2 Copiez et complétez la grille.

Writing. Students fill in two items for each shop. Remind them not to repeat items.

3 Votre petite sœur s'intéresse à cette offre. Prenez des notes en anglais pour répondre à ses questions.

Reading. Students read the special offer information and answer the questions in English. Remind them to look at the number of marks available.

Answers

1 pocket money, bus tickets, ID card, handkerchief
2 plastic, dark pink, navy blue, black
3 3
4 a cheque for €6,40, three €4,60 stamps, your name, your address
5 31 December

4 Écrivez une lettre à Jean-Christophe. Répondez à toutes ses questions.

Writing. Students answer the letter in French. Go through the letter with them and get your students to identify the tense needed to fulfil each part of the task.

AUX MAGASINS — MODULE 6

Cahier d'exercices, page 41

1
Answers

1 f 2 j 3 b 4 g 5 i 6 d 7 c 8 a 9 h 10 e

2
Answers

a dix euros soixante
b cinquante-cinq euros
c cent cinquante euros
d six cent deux livres
e quatre-vingt-dix livres

3
Answers

a le yaourt b la parfumerie c ça va? d jeune e le manteau
f les devoirs

Cahier d'exercices, page 42

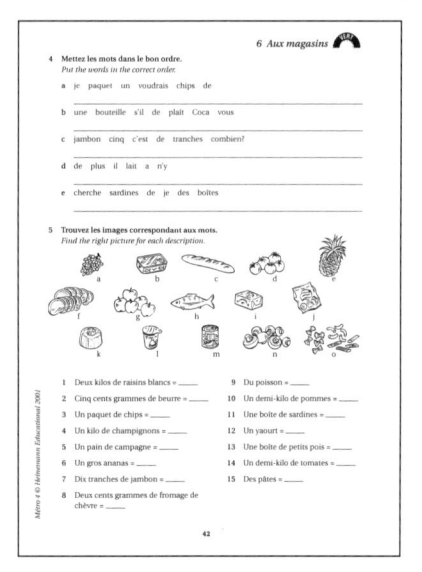

4
Answers

a Je voudrais un paquet de chips.
b Une bouteille de Coca, s'il vous plaît.
c C'est combien, cinq tranches de jambon?
d Il n'y a plus de lait.
e Je cherche des boîtes de sardines.

5
Answers

1 a 2 i 3 j 4 n 5 c 6 e 7 f 8 k 9 h 10 g 11 b 12 l 13 m
14 d 15 o

Cahier d'exercices, page 43

6 (writing task)

7
Answers

1 c 2 l 3 a 4 h 5 g 6 b 7 k 8 f 9 i 10 d 11 m 12 j 13 e

8
Answers

1 b 2 c

AUX MAGASINS

MODULE 6

Cahier d'exercices, page 44

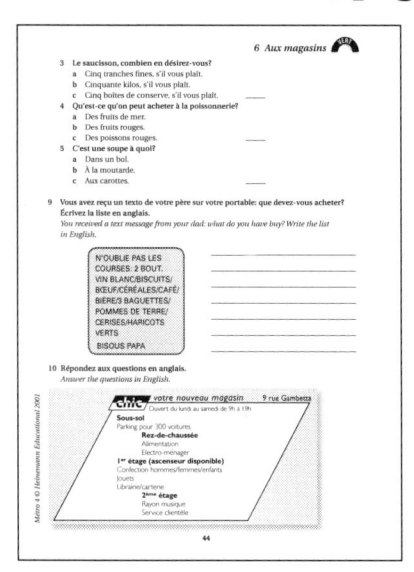

8 (contd.)
Answers

3 a   4 a   5 c

9
Answers

2 bottles of white wine/biscuits/beef/cereals/coffee/beer/
3 French sticks/potatoes/cherries/French beans.

10
Answers

Cahier d'exercices, page 45

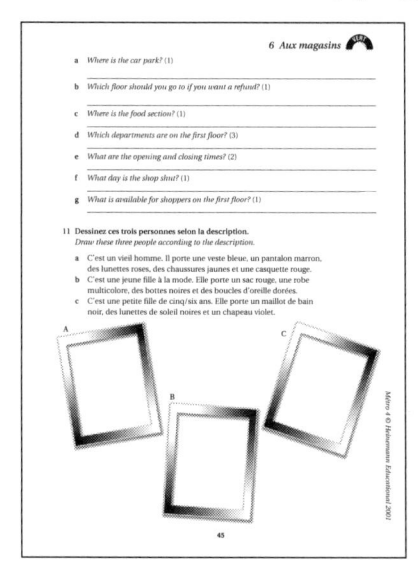

10 (contd.)
Answers

a underground b 2nd floor c on the ground floor
d clothing for men/women and children/toys/bookshop/
card shop e 9 a.m. to 7 p.m. f on Sunday g a lift

11
Answers

a Old man, wearing a blue jacket, brown trousers, pink glasses, yellow shoes and a red cap.
b Young trendy girl, carrying a red bag, wears a multicoloured dress, black boots and golden earrings.
c Young girl of 5 or 6, wearing a black swimming-costume, black sun-glasses and a purple hat.

Cahier d'exercices, page 46

12
Answers

item	material	colour	sizes available	price
jumper	silk	black	1 to 3	€55
trousers	cotton	white	36 to 42	€35
gloves	wool	purple	S to XL	€18
Blouse	viscose	beige	40 to 46	€75

13
Answers

a Her boss and his wife.
b Potatoes.
c Put sugar in it instead of salt.
d Dropped his tie in his soup.
e Yellow trousers, red boots and flowery T-shirt.
f Sore feet as shoes were too tight.
g Her pocket money.

AUX MAGASINS

MODULE 6

Cahier d'exercices, page 47

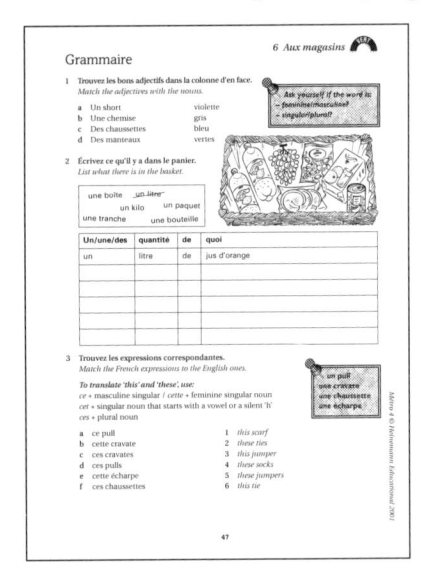

1
Answers

a un short bleu b une chemise violette
c des chaussures vertes d des manteaux gris

2
Answers

Des bouteilles de limonade
Un kilo de raisins blancs
Un paquet de bonbons
Des tranches de jambon
Une boîte de petits pois

3
Answers

a 3 b 6 c 2 d 5 e 1 f 4

Cahier d'exercices, page 48

Module 7: En vacances

(Student's Book pages 90–103)

Unit	Main topics and objectives	Grammar	Key language
Déjà vu (pp. 90–93)	Understanding names of countries and nationalities Talking about the weather and the seasons Understanding a weather forecast	In + name of a country In + name of a town	L'Europe/la Grande-Bretagne/l'Allemagne/la France/ la Grèce/l'Italie/la Belgique/la Hollande/la Suisse Où est-ce que tu passes tes vacances? Je passe mes vacances (en Espagne). allemand(e)/américain(e)/espagnol(e)/français(e)/ grec(que)/hollandais(e)/ italien(ne)/portugais(e)/suisse/britannique/belge (En été)(il fait (beau). Il pleut/Il neige. Il y a du brouillard. Dans le (Nord) (il va faire beau/il fera beau).
1 L'année dernière ... (pp. 94–95)	Talking about what you did on holiday last year	The imperfect tense C'était/il y avait/ il faisait + weather	D'habitude/Normalement, je passe mes vacances avec ma famille. L'année dernière, j'ai passé mes vacances avec mes amis. Je vais/je suis allé(e) avec … Je loue/j'ai loué … Je joue/j'ai joué au foot. Je fais/j'ai fait (de la planche à voile). Je suis resté(e)/J 'ai visité … Je suis allé(e) (en Belgique). On est resté dans (une auberge de jeunesse). C'était (barbant). Il y avait un grand jardin. Il faisait (beau).
2 Au syndicat d'initiative (pp. 96–97)	Saying what you can do in a town Asking for information at the tourist information centre Understanding a leaflet about a town	Pouvoir + inf.	On peut jouer (au volley). On peut aller (à la plage). On peut faire (du camping). On peut louer (un vélo). On peut visiter (un château). Je voudrais (un plan de la ville) s'il vous plaît. Est-ce qu'on peut (louer un canoë-kayak)?
3 À l'hôtel (pp. 98–99)	Booking a hotel	Asking questions	Avez-vous une chambre de libre? Je voudrais réserver une chambre (pour une personne) avec (une salle de bain). C'est pour … nuits. C'est combien par chambre et par nuit? Est-ce qu'il y a (un restaurant)? Le petit déjeuner est à quelle heure? Le petit déjeuner est servi au restaurant à partir de … heures.
Entraînez-vous (pp. 100–101)	Speaking practice and coursework	Revision of: Past present, future and imperfect tenses Vouloir + inf. In + name of a country/town Adjectives Indefinite/ possessive articles Asking questions	

EN VACANCES · MODULE 7

Unit	Main topics and objectives	Grammar	Key language
À toi! (pp. 158–159)	Self-access reading and writing Understanding notices, rules and regulations in a hotel Understanding information about a holiday village Describing a current holiday Describing a past holiday and saying what you will do next year	*Au/à la/à l'/aux* The partitive article *C'était/il y avait/il faisait* + weather Past tense with *avoir* and *être* Past, imperfect and future tenses	

MODULE 7 — Déjà vu

(Student's Book pages 90–93)

Main topics and objectives
- Understanding names of countries and nationalities
- Talking about the weather and the seasons
- Understanding a weather forecast

Grammar
- In + name of a country
  En France
  Au Portugal
  Aux États-Unis
- In + name of a town
  À Paris
  À Calais

Key vocabulary

*L'Europe/la Grande-Bretagne/l'Allemagne/la France/
la Grèce/l'Italie/la Belgique/la Hollande/la Suisse
Où est-ce que tu passes tes vacances?
Je passe mes vacances en Espagne/au Portugal/
aux États-Unis.
allemand(e)/américain(e)/espagnol(e)/français(e)/
grec(que)/hollandais(e)/
italien(ne)/portugais(e)/suisse/britannique/belge
En été/en automne/en hiver/au printemps …
il fait beau/mauvais/chaud/froid.
À (Calais) il fait du vent.
Il pleut/Il neige.
Il y a du brouillard.
Dans le Nord/Sud/Est/Ouest …
il va faire beau/il fera beau/il va pleuvoir/il pleuvra/
il va neiger/il neigera.*

Resources

Cassette C, side 1
CD 2, track 16
Cahier d'exercices, pages 49–56
Grammaire 8.3, page 178

Suggestion

Present countries by making an OHT of a map of Europe or by using the map on p.90.

1a Complétez la phrase avec le bon pays. Ensuite faites correspondre les phrases avec les lettres sur la carte.

Reading. Students complete each sentence with the name of the right country drawn from the Key vocabulary box. They then match each sentence to a letter from the map of Europe.

Suggestion

You might want to have some atlases available.

Answers

1 Italie, i 2 Portugal, f 3 Suisse, h 4 Grande-Bretagne, a
5 Grèce, j 6 France, e 7 Allemagne, c 8 Espagne, g
9 Hollande, b 10 Belgique, d

1b À deux. Demandez à votre partenaire où est-ce qu'il/elle passe ses vacances.

Working in pairs, students use the example dialogue to ask and answer the questions given. They work out the holiday country by identifying the flag on the tee-shirt. Encourage students to take an educated guess!

Suggestion

A book about flags will help.

Answers

a aux États-Unis b en Irelande c en Grande-Bretagne
d en France e en Hollande f en Grèce g en Suisse
h en Allemagne i au Portugal

1c Notez le pays qu'ils préfèrent.

Listening. (1–8) Students listen to the recording and write down in French the name of the country each speaker prefers.

Tapescript

*1 Je préfère passer mes vacances en Allemagne.
2 J'aime les États-Unis.
3 Je vais en Grèce. C'est mon pays préféré.
4 J'aime aller en Espagne.
5 Moi, j'adore la Suisse.
6 J'aime aller en Grande-Bretagne, car j'aime parler anglais.
7 Mon lieu de vacances préféré, c'est la Hollande.
8 J'aime passer mes vacances au Portugal.*

Answers

1 l'Allemagne 2 les États-Unis 3 la Grèce 4 l'Espagne
5 la Suisse 6 la Grande-Bretagne 7 la Hollande
8 le Portugal

2 Identifiez le pays.

Reading. Students read the statements and work out the country to which each statement refers.

Answers

1 l'Italie 2 la Suisse 3 la France 4 les États-Unis
5 la Grèce 6 l'Allemagne 7 la Grande-Bretagne
8 la Hollande

Suggestion

Make an OHT of the key weather symbols. You could then cut them out and overlay them onto a map, to practise asking *quel temps fait-il … ?* + location.

EN VACANCES

MODULE 7

3a Regardez les images et écrivez le temps.

Writing. Using the Key vocabulary box for help, students write down the weather for each picture.

Answers

a il pleut	b il fait beau	c il fait du brouillard
d il fait chaud	e il neige	f il fait du vent
g il fait mauvais	h il fait froid	

3b Notez le pays et le temps.

Listening. (1–8) Students listen to the recording and write down in French the country and the weather for each speaker.

R Instead of writing down the weather, students can use the lettered symbols from activity 3a.

Tapescript

1 En France, il y a du brouillard.
2 En Écosse, il fait froid.
3 En Espagne, il fait chaud.
4 En Italie, il pleut.
5 En Allemagne, il fait du vent.
6 Au pays de Galles, il fait mauvais.
7 Au Canada, il neige.
8 Aux États-Unis, il fait beau.

Answers

as tapescript

3c À deux. Écrivez un temps pour chaque ville EN SECRET. Demandez à votre partenaire le temps pour chaque ville.

Speaking. Students create their own answer-gap activity.

Suggestion

Demonstrate the activity at the front with yourself and a student partner, before getting your students to work in pairs.

Ask your students to work in pairs. Each student writes down the five towns, with a weather written next to each town, keeping them hidden from his/her partner. The first partner starts by trying to guess what weather his/her partner has written next to Calais.

For example: *À Calais, il pleut?*

The partner must answer only *oui* or *non*. Students take it in turns to ask questions. It is a sort of 'Battleships' game, and the first person to find all five of his/her partner's weathers is the winner.

4 Écrivez 2 ou 3 temps pour chaque saison.

Writing. Using the Key vocabulary boxes, students write out a sentence for each season, saying what the weather is like.

For example: *En été, il fait beau et il fait chaud.*

5 Écoutez la météo et choisissez le bon symbol.

Listening. (a–f) Students listen to the recording and make notes on the weather forecast for each region.

✚ Ask students to jot down key words which helped them get their answer.

Tapescript

– Voici les prévisions météorologiques pour demain, vendredi.
Dans la région parisienne, et au centre de la France, il va pleuvoir pendant la plus grande partie de la journée, et les nuages resteront présents jusqu'au soir.
Dans le nord, en Bretagne et en Normandie, il fera assez beau, avec du soleil pendant la plus grande partie de la journée.
Dans la région des Alpes et le sud-est de la France, temps ensoleillé, avec des températures excellentes, entre 23 et 25 degrés.
Dans le sud de la France, le Midi et sur la côte d'Azur, attention: vents forts et risques de temps pluvieux. Il ne fera pas beau aujourd'hui.
– Cependant, dans le nord-est du pays, en Alsace, temps agréable, avec du soleil et un beau ciel bleu.
Et finalement, dans le sud-ouest et la région des Pyrénées, vous aurez aussi de la chance: il fera beau et chaud, attention aux coups de soleil!!

Answers

1 a 2 b 3 c 4 b 5 a 6 b

6 À deux. À tour de rôle.

Regardez la carte et présentez la météo.

Working in pairs, students take it in turns to say what the weather will be like in each area. They should use the Key language box for help. You could get your students to practise their presentations using a big map of France and home-made symbols, then video the result.

MODULE 7 EN VACANCES

1 L'année dernière ...

(Student's Book pages 94–95)

Main topics and objectives
- Talking about what you did on holiday last year
- Juxtaposing Present and Past tenses

Grammar
- The imperfect tense
  C'était/il y avait/il faisait + weather

Key language

D'habitude/Normalement, je passe mes vacances avec ma famille.
L'année dernière, j'ai passé mes vacances avec mes amis.
Je vais/je suis allé(e) avec mes copains/
ma famille/mes grand-parents/à la plage/au marché.
Je loue/j'ai loué …
Je joue/j'ai joué au foot.
Je fais/j'ai fait de la planche à voile/de la natation.
Je suis resté(e)/J'ai visité …
Je suis allé(e) en Belgique/en Grande-Bretagne/
en France/…
On est resté dans une auberge de jeunesse/
dans un gîte loué/dans un camping/…
C'était
barbant/formidable/ennuyeux/super/fantastique/
extra/un peu ennuyeux.
Il y avait un grand jardin.
Il faisait beau/mauvais.

Resources

Cassette C, side 1
CD 2, track 17
Cahier d'exercices, pages 49–56
Grammaire 3.4, page 170

Suggestion

Use the text on p.94 to lead in to the topic of holidays. It presents some of the key language needed.

1a Choisissez la bonne réponse à chaque question.

Reading. Students read the information about Luc's holiday, and choose the right answer to each question. The vocabulary in the text and the alternative answers given are key vocabulary which should be learned.

Answers

| 1 c | 2 b | 3 b | 4 b | 5 a | 6 c | 7 c | 8 b |

➕ Students write a description of another holiday Luc went on, basing their description on the questions and one set of incorrect answers.

1b Copiez et complétez la grille en français.
Listening. (1–6) Having copied the grid, students listen to the recording and fill in the answers for each speaker in French.

Tapescript

1 Je suis allée en Belgique, avec mes copains. On est resté dans un gîte pendant une semaine. Il faisait très beau, et c'était vraiment super.
2 L'année dernière, je suis allé en Italie, avec ma famille. On est resté dans un joli petit hôtel, pendant deux semaines. Il faisait très beau tous les jours, et c'était extra.
3 J'ai passé mes dernières vacances en Grande-Bretagne. J'y suis allée avec mes camarades de classe, parce que c'était un voyage scolaire. Je suis restée chez ma correspondante, elle s'appelle Joanne et elle était très gentille. On est resté 10 jours en Angleterre. Il n'a pas fait beau: on a eu de la pluie presque tous les jours, tant pis: c'était absolument fantastique quand même.
4 À Noël, on est allé dans un village à la montagne, dans les Pyrénées, pour des vacances au ski. J'y suis allé avec mon père et ma sœur, et on a passé une semaine là-bas, dans un appartement qu'on avait loué. Bien sûr, il y avait beaucoup de neige mais aussi il y avait du soleil. J'ai adoré mes vacances parce que le ski, c'est ma passion.
5 L'été dernier, ma famille et moi, nous sommes allées en Suisse. Nous sommes restées dans un camping, parce que nous avons une caravane. On a passé un mois en Suisse, mais le temps n'était pas extra: il faisait beaucoup de vent et un peu froid. C'était pas mal, mais un peu ennuyeux.
6 L'année dernière, je suis allé dans le midi de la France, au bord de la Méditerranée. J'y suis allé avec mon petit frère, parce qu'on est resté chez mes grands-parents, qui habitent sur la côte d'Azur. On y est resté pendant tout le mois d'août. Il faisait super-beau, et on s'est très bien amusé.

Answers

	où?	avec qui?	resté où?	combien de temps?	temps?	opinion?
1	Belgique	copains	gîte	une semaine	beau	super
2	Italie	famille	hôtel	deux semaines	beau	extra
3	Grande-Bretagne	camarades	chez Joanne	dix jours	pluie	fantastique
4	Pyrénées	père, sœur	appartement	une semaine	neige, soleil	c'est sa passion
5	Suisse	famille	camping	un mois	pas extra	pas mal ennuyeux
6	France	frère	chez les grand-parents	un mois	super-beau	bien amusé

2a Dites des phrases complètes.

Speaking. Students say the sentences, completing them by using the pictures given. They have to provide more of the sentences in the latter examples. Before they start, draw students attention to the way they say the verbs:

Present (normalement, d'habitude)
  je reste (rhymes with **rest**)
  je visite (sounds like **vee-zeet**)

103

EN VACANCES • **MODULE 7**

Only in the **past tense** (l'année-dernière) is there an **ay** sound on the end of the verb.
      je suis resté (sounds like **rest-ay**)
      j'ai visité (sounds like **vee-zee-tay**)

✚ Students write out the answers.

✚ Students make up another set of sentences with pictures in for their partner to complete.

2b Écrivez un paragraphe sur vos vacances de l'année dernière.

Writing. Students use what they have learned to write about their own holiday.

They can use the headings from the grid in activity 1b for guidance. A full description of their holiday is a possible coursework task, so just get them to write a paragraph at this stage.

MODULE 7 EN VACANCES

2 Au syndicat d'initiative

(Student's Book pages 96–97)

Main topics and objectives
- Saying what you can do in a town
- Asking for information at the tourist information centre
- Understanding a leaflet about a town

Grammar
- Use of *pouvoir* + inf.

Key language
On peut jouer au volley/au ping-pong.
On peut aller à la plage/au théâtre/au bowling.
On peut faire du camping/du ski/du bateau.
On peut louer un vélo/un canoë-kayak/un pedalo.
On peut visiter un château/une cathédrale/un musée.
Je voudrais un plan de la ville/une liste des restaurants/un dépliant s'il vous plaît.
Est-ce qu'on peut louer un canoë-kayak/visiter un château/aller au bowling?

Resources
Cassette C, side 1
CD 2, track 18
Cahier d'exercices, pages 49–56

Suggestion

Go straight into the listening exercise to present the language.

1a Qu'est-ce qu'on peut faire dans ces villes? Notez les bonnes lettres.

Listening. (1–5) Students listen to the recording and look at the spider diagram. They write down the letters of the activities mentioned by each speaker.

Tapescript
1 On peut louer des vélos et visiter le musée.
2 On peut jouer au volley et au ping-pong, et on peut louer des pédalos.
3 Si vous voulez aller au bowling, ou faire une promenade en bateau, vous pouvez!
4 Ici, on peut louer des canoës-kayaks et aller à la plage.
5 On peut faire du camping et visiter les monuments historiques, tels que le château et la cathédrale.

Answers
| 1 j, m 2 a, c, l 3 f, i 4 k, d 5 g, n, o |

1b Écrivez une phrase complète pour dix images.

Writing. Using the spider diagram, students write ten sentences of this sort. For example: **j** *On peut louer des vélos.*

Students will need to note the following vocabulary:

la cathédrale, le babyfoot, le ski nautique, le canoë-kayak

➕ Students make another spider diagram for their own region, but include words instead of pictures.

➕ Students write out ten sentences (some true, some false) for things they can do in their home town, then get a partner to work out which are the false ones.

2a Écoutez la conversation au syndicat d'initiative, et remplissez les blancs.

Listening. Students listen to the recording and select the missing words, from those given, to complete the conversation.

Tapescript
Tour: Bonjour, madame. Je voudrais un plan de la ville, s'il vous plaît.
Empl: Oui, voilà. C'est gratuit. Je vous donne aussi un dépliant sur notre ville, et une carte de la région.
Tour: Avez-vous une liste d'hôtels, madame?
Empl: Oui, voilà. Il y a une liste de restaurants là-dedans aussi.
Tour: Merci beaucoup, madame. Qu'est-ce qu'on peut faire ici?
Empl: Il y a une liste des distractions dans cette brochure.
Tour: Est-ce qu'on peut jouer au golf?
Empl: Oui, il y a un terrain de golf à 5 kilomètres. Bonnes vacances!

Answers
| **a** un plan de la ville **b** un dépliant **c** une carte **d** une liste d'hôtels **e** une liste de restaurants **f** une liste des distractions **g** Bonnes vacances! |

2b À deux. En français:

Speaking. Students work with a partner. Ask them to work through the conversation several times, taking it in turns to ask the questions. The first time through, they use the first set of answers, and so on. Ask your students to keep repeating the conversations, so they become increasingly fluent and faster.

3a Répondez aux questions en anglais.

Reading. Students read the leaflet about Royan before answering the questions in English.

🄡 Make an OHT of the leaflet and paragraph, and underline the relevant parts as a class before students tackle the task.

105

EN VACANCES

MODULE 7

Answers

> 1 On the Atlantic coast
> 2 A small fishing port
> 3 It was destroyed by allied bombing
> 4 Mondays to Fridays from 2–6pm
> 5 Tennis, squash, swimming, golf, horseriding, diving, parachuting, flying and windsurfing
> 6 Sundays and bank holidays
> 7 Windsurfing
> 8 From 1st April to 30th September and from 9am–7pm

3b Écoutez les questions de ces touristes à Royan. Répondez Oui ou Non.

Listening. (1–8) Students listen to the recording and look at the leaflet about Royan. They write down *oui* or *non* to each speaker's question.

Tapescript

1 Est-ce que le musée est ouvert le lundi?
2 Est-ce qu'on peut jouer aux boules?
3 Est-ce qu'on peut faire des promenades en bateau?
4 Est-ce que le Centre Marin est ouvert le 14 juillet?
5 Est-ce que le zoo ferme à 19 heures?
6 Est-ce que je peux faire du cheval quelque part?
7 Est-ce que le musée est ouvert le matin?
8 Est-ce qu'on peut louer une planche à voile?

Answers

> 1 Non 2 Non 3 Non 4 Non 5 Oui 6 Oui 7 Non
> 8 Oui

➕ Students imagine they visited Royan on holiday. They then write a paragraph saying what they did and saw there.

MODULE 7 EN VACANCES

3 À l'hôtel

(Student's Book pages 98–99)

Main topics and objectives
- Booking a hotel

Grammar
- Asking questions

Key vocabulary
Avez-vous une chambre de libre?
Je voudrais réserver une chambre … pour une personne/pour deux personnes/avec deux petits lits/double/de famille
avec une salle de bains/une douche/des W-C/ un balcon/une vue sur la mer.
C'est pour … nuits.
C'est combien par chambre et par nuit?
Est-ce qu'il y a un restaurant/une piscine/ un parking/un ascenseur?
Le petit déjeuner est à quelle heure?
Le petit déjeuner est servi au restaurant à partir de … heures.

Resources
Cassette C, side 1
CD 2, track 19
Cahier d'exercices, pages 49–56

Suggestion

Go straight into the listening exercise to present the key vocabulary.

1 Notez les détails pour chaque conversation.

a la sorte de chambre
b ce qu'il y a dans la chambre
c la durée du séjour
d ce qu'ils veulent à l'hôtel

Listening. (1–4) Students listen to the recording and note down in French the four pieces of information per speaker required. The expressions are in the Student's Book (page 98).

Tapescript

1 *Bonjour madame, je voudrais une chambre double avec une douche, pour … euh … trois nuits, s'il vous plaît. Est-ce qu'il y a un restaurant?*
2 *Bonjour, monsieur. J'ai réservé une chambre de famille, avec salle de bains dans la chambre et balcon . C'est réservé pour une semaine. Est-ce qu'il y a une piscine à l'hôtel?*
3 *Allô? Bonjour madame … oh … pardon, monsieur. Je téléphone pour réserver une chambre pour une personne avec W-C dans la chambre, et avec balcon si possible. Je voudrais rester pour deux nuits. Ah … est–ce qu'il y a un parking, s'il vous plaît?*
4 *Bonjour, mademoiselle. Avez-vous une chambre de libre pour une nuit? je voudrais une chambre pour deux personnes avec deux petits lits, et vue sur la mer si possible. Est-ce qu'il y a un ascenseur, s'il vous plaît?*

Answers

| 1 a 2 | b 2 | c 3 | d 1 | 2 a 4 | b 1 & 4 | c 2 | d 4 |
| 3 a 1 | b 3 & 4 | c 2 | d 2 | 4 a 3 | b 5 | c 1 | d 3 |

➕ Students draw a poster for a hotel, advertising its amenities, rooms, and prices.

2a Qu'est-ce qu'elle veut réserver?

Reading. Students read the reservation letter from Janet and decide which one of the sets of symbols corresponds to the rooms reserved.

Answer

| C |

2b Écrivez trois lettres.

Writing. Using the letter from Janet in activity 2a as a model, students write three letters based on the information given. The third letter is based upon the needs of the student's own family, with details and dates of his/her own choice.

3 À deux. Entraînez-vous.

Speaking. In pairs, students rehearse the conversation several times, taking turns to ask the questions. Draw students' attention to the fact that the words they need are on the facing page.

➕ Students write out the conversation they would have for one of the sets of symbols in activity 2b.

4 Copiez et complétez la grille en anglais.

Listening. (1–5) Having copied the grid, students listen to the recording and fill in the required information in English.

Tapescript

1 *Pendant les vacances, je préfère rester dans une auberge de jeunesse, car j'aime rencontrer des gens, et j'aime me faire des nouveaux amis.*
2 *Moi, je préfère rester dans un gîte parce qu'il y a souvent un grand jardin, et je n'ai pas besoin de partager une chambre avec ma sœur.*
3 *Ce que je préfère, c'est facile, c'est l'hôtel. C'est très confortable et je ne suis pas obligé d'aider à la maison ni de faire la vaisselle.*
4 *Moi, j'adore faire du camping parce que j'aime bien être en plein air, et quelquefois je dors dehors, à la belle étoile. En plus, le camping, ce n'est pas cher.*
5 *Pendant les vacances, je préfère rester à la maison car je n'aime pas aller à l'étranger, parce que je préfère la cuisine française. En plus, si je reste chez moi, je peux voir tous mes copains pendant les vacances.*

107

EN VACANCES ● ● ● ● ● ● ● ● ● ● ● ● ● ● ● ● MODULE 7

Answers

	Accomodation	Reason(s)
1	Youth Hostel	Likes meeting new people/friends
2	Gite	Big garden, doesn't have to share a room with her sister
3	Hotel	Comfortable, doesn't have to help around the house or do the washing up
4	Camping	Likes to be in the fresh air and it's cheap
5	Stay at home	Doesn't like going abroad, prefers French cooking and can see friends

✚ Students write a paragraph about their own favourite type of holiday, explaining why they enjoyed it.

MODULE 7 EN VACANCES

Entraînez-vous

(Student's Book pages 100–101)

Speaking practice and coursework

À l'oral

Topics revised
- Booking in to a hotel
- Asking for things at a tourist information centre
- Talking about your favourite type of holiday
- Talking about current and past holidays

1 You are at a hotel, booking accommodation.

2 You are at the tourist information office in a French town.

Role-play. Ask students to work in pairs. They can take it in turns to be the 'teacher', doing each role-play twice.

3 Talk for 1 minute about your favourite kind of holiday. Make yourself a cue card.

Speaking. Students are to give a short talk about their favourite type of holiday. Remind them to watch their verb endings when speaking, as this presentation is in the Present tense. This can be:

- prepared in the classroom or at home;
- it can be recorded on tape;
- students can give their talk to a small group of other students; or
- certain students can be chosen to give their talk to the whole class.

The main thing is that students become used to speaking from notes, not reading a speech.

Questions générales

Speaking. These are key questions to practise for the oral exam, taken from the module as a whole. Students can practise asking and answering the questions in pairs. They should be encouraged to add as much detail as possible. It is often a good idea to write model answers together in class.

À l'écrit

Topics revised
- Describing your holidays (past, present and future)
- The weather
- Activities
- Opinions

1 Write a postcard from your holidays. Imagine you are there now.

Writing. Encourage students to follow the prompts in the Student's Book in order to write a longer postcard. Make sure they look back at the work covered in this chapter for ideas.

2 Write a description of your holiday last year. You can base your account on photos or on a brochure of a region in France. Use your imagination and remember, you do not have to tell the truth!

➕ Writing. Again, following the prompts given will enable students to produce a full response that has a variety of tenses in it.

MODULE 7 EN VACANCES

À toi!

(Student's Book pages 158–159)

Self-access reading and writing at two levels.

1 Regardez les panneaux. Indiquez si les phrases sont vraies ou fausses.

Reading. Students look at the signs from a hotel and write down *vrai* or *faux* for each statement.

Answers

| 1 vrai   2 vrai   3 vrai   4 faux   5 faux   6 faux   7 vrai
8 faux |

2 Qu'est-ce que Caroline a fait en vacances? Complétez les phrases en français. Utilisez les images.

Writing. Students write out complete sentences using the verbs in brackets and replacing the pictures with words.

Answers

| 1 Caroline est allée à la plage.   2 Elle a visité le château.
3 Elle a fait du vélo   4 Il y avait du soleil et il faisait chaud.
5 Le soir, elle a dansé avec ses copains. |

3a Répondez en français.

Reading. Students look at the brochure about the holiday camp and answer the questions in French. Remind them to look at the number of marks available.

Answers

| 1 dans la vallée de la Garonne   2 non
3 planches à voiles, pédalos, canoë-kayaks
4 pêche, tir à l'arc, VTT, boules (any two)
5 oui   6 4   7 non   8 1 of lapin grillé, pizza   9 la glace
10 en voiture, en train |

3b Vous venez d'arriver chez vous après vos vacances au village de vacances 'Le Blaireau'. Utilisez la brochure et écrivez une lettre à votre correspondante Chloë.

Writing. Students write a letter based on the prompts given and the ideas in the brochure. You could prepare in class by asking your students some oral questions regarding what they did, what the weather was like, and so on.

EN VACANCES

Cahier d'exercices, page 49

1
Answers

1 f 2 h 3 i 4 j 5 a 6 c 7 d 8 g 9 e 10 b

2
Answers

a Il est français. **b** Il est anglais. **c** Elle est espagnole.
d Il est portugais. **e** Elle est américaine.

3
Answers

a l'hiver **b** l'été **c** l'automne **d** le printemps

Cahier d'exercices, page 50

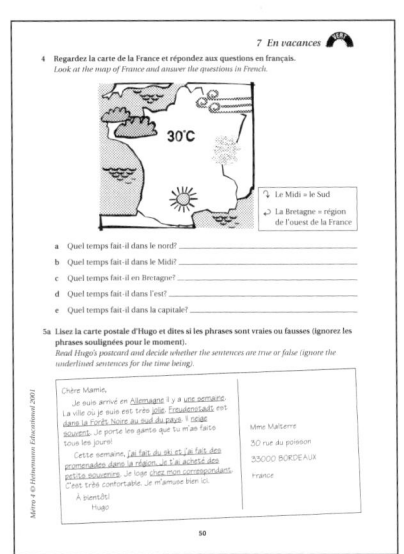

4
Answers

a Il fait du vent. **b** Il fait du soleil. **c** Il y a des nuages.
d Il y a du brouillard. **e** Il fait chaud.

Cahier d'exercices, page 51

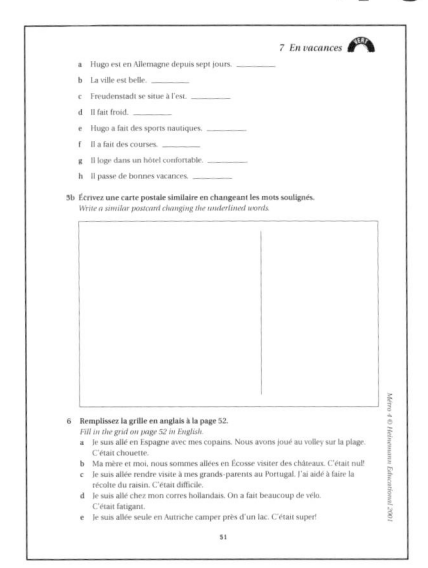

5a

5a (contd.)
Answers

a V b V c F d V e F f V g F h V

5b (writing task)

6
Answers

Cahier d'exercices, page 52

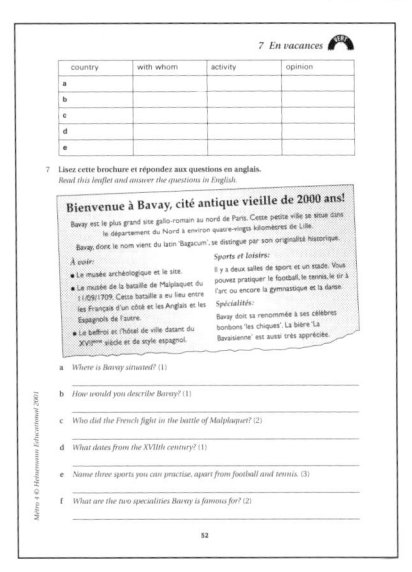

EN VACANCES

MODULE 7

6 (contd.)
Answers

	country	with whom	activity	opinion
a	Spain	friends	volley-ball	excellent
b	Scotland	mum	visit some castles	rubbish
c	Portugal	visiting grand-parents	harvesting the grapes	difficult
d	Holland	penfriend	cycling	tiring
e	Austria	alone	camping near a lake	great

7
Answers

a North of Paris
b Small historical (Roman) town
c England and Spain
d The town-hall and belfry
e Archery, gymnastics and dance
f Sweets (les chiques) and beer (la Bavaisienne)

Cahier d'exercices, page 53

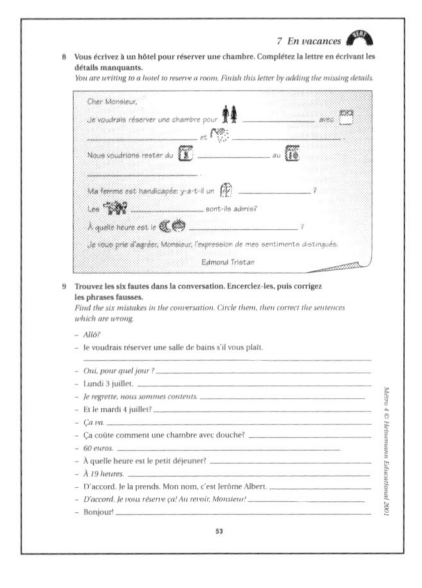

8
Answers

– deux personnes
– un lit pour deux personnes
– une douche
– trois août
– dix août
– ascenseur
– chiens
– petit déjeuner

9
Answers

– une salle de bains/une chambre
– contents/complets
– comment/combien
– petit déjeuner/dîner/7p.m.
– Bonjour/ Au revoir

Cahier d'exercices, page 54

10
Answers

a America b A day c Hot-dogs and ice-cream d The sea-view and the double bed e Breakfast was served too early. f Hot, about 30°C g With her (girl)friends when she is older

Cahier d'exercices, page 55

112

EN VACANCES MODULE 7

Cahier d'exercices, page 56

1
Answers

| au Portugal | aux États-Unis | à Paris |
| en Grande Bretagne | à Londres | en Allemagne |

2
Answers

- Nous sommes arrivés
- Je suis devenu
- Elles sont revenues
- Je suis sortie
- Il est tombé
- Ils sont allés
- Nous sommes montés
- Tu es entré

3
Answers

- Présent
- Passé composé
- Futur
- Futur
- Présent
- Futur
- Imparfait
- Présent
- Présent
- Passé composé

Module 8: Bienvenue en France!

(Student's Book pages 104–117)

Unit	Main topics and objectives	Grammar	Key language
Déjà vu (pp. 104–107)	Using polite phrases to deal with a guest Saying how many rooms are in your house, and naming them Giving your address and spelling your town Understanding and ordering from a café menu	Asking questions *Je voudrais …*	Bonsoir! Bon anniversaire/week-end/voyage/ année/séjour! Bonne fête/chance/journée! Bonnes vacances! J'habite à (+ town) dans (une maison). Il y a … pièces. Le salon/la salle de séjour/la salle à manger/la salle de bains/la chambre/la cuisine/des W-C Mon adresse c'est … Je voudrais (un café). As-tu faim/soif?
1 Voici ma maison (pp. 108–109)	Describing a house in detail Describing your bedroom Talking about furniture	Possessive adjectives Prepositions	Il y a … étages. En haut, il y a (… pièces/l'entrée/…). En bas, il y a (la chambre de …/le lavabo/…) (un lit/une lampe/une armoire/un lave-vaisselle/…) derrière/à côté de/sur/dans le coin/près de la fenêtre
2 La télé (pp. 110–111)	Saying what kind of TV programmes and films you like/dislike, and why Describing a TV programme or film, and its plot	Direct object pronouns	Mon émission de télé préférée/film préféré s'appelle … C'est (un film policier) qui a lieu (dans une ville à New York). Il s'agit d'(un agent de police). J'aime (cette émission) parce que… c'est passionnant/ça me fait rire. Tu aimes les dessins animés? Oui, je les aime/je les adore. Non, je ne les aime pas/je les déteste.
3 On sort manger (pp. 112–113)	Understanding and ordering from a restaurant menu Asking questions in a restaurant Dealing with a problem in a restaurant	Asking questions Negatives – *ne … pas*	J'ai réservé une table pour … personnes. Je peux avoir (le menu) s'il vous plaît? Voici la carte. Vous avez choisi? Qu'est-ce que vous voulez commander? Le menu à … euros/prix fixe, s'il vous plaît. Quel est le plat du jour? C'est quoi exactement? C'est une sorte de … Comme (hors d'œuvre), je voudrais … Avez-vous de/des … Ma cuillère est sale. Ce couteau n'est pas propre. Mon potage est froid. Je n'ai pas de (fourchette). Il n'y a pas de sel ou de poivre. L'addition n'est pas juste.
Entraînez-vous (pp. 114–115)	Speaking practice and coursework	Revision of: Past, present and future tenses. Prepositions Asking questions Possessive adjectives	

BIENVENUE EN FRANCE! .... MODULE 8

Unit	Main topics and objectives	Grammar	Key language
À toi! (pp. 160–161)	Self-access reading and writing Understanding jokes on various topics Choosing presents for a French family Talking about a forthcoming exchange visit	Past, present and future tenses Indefinite articles Negatives (*ne ... pas/ne ... jamais*) Adjectives	

Module 8 — Déjà vu

(Student's Book pages 104–107)

Main topics and objectives

- Using polite phrases to deal with a guest
- Saying how many rooms are in your house, and naming them
- Giving your address and spelling your town
- Understanding and ordering from a café menu

Grammar

- Asking questions
- *Je voudrais …*

Key language

Bonsoir!
Bon anniversaire/week-end/voyage/année/séjour!
Bonne fête/chance/journée!
Bonnes vacances!
J'habite à (+ town) dans une maison/ un appartement.
Il y a … pièces.
Le salon/la salle de séjour/la salle à manger/ la salle de bains/la chambre/la cuisine/des W-C
Mon adresse c'est …
Je voudrais un café/un thé/un orangina/un café-crème/un coca/une limonade/un chocolat chaud/ un jus de fruit/une eau minérale/un sandwich/ un croque-monsieur/des frites/un sandwich au fromage/une pizza/une crêpe/une omelette/une glace.
As-tu faim/soif?

Resources

Cassette C, side 2
CD 3, track 2
Cahier d'exercices, pages 57–64

Suggestion

Go straight into activity 1 to introduce the welcoming phrases.

1 Mettez les bulles et les images dans le bon ordre.

Listening. (1–7) Students listen to the recording and put the speech bubbles in the order in which they hear them, to match the pictures.

Tapescript

– Bonjour, et bienvenue en France!
– Je te présente ma mère, Catherine, et mon père, René.
– Entre, et assieds-toi! Es-tu fatiguée?
– As-tu soif?
– As-tu faim?
– As-tu besoin d'une serviette … euh, de savon ou de dentifrice?
– Voici ta chambre. Bonne nuit!

Answers

| 1 f | 2 g | 3 b | 4 e | 5 a | 6 e | 7 d |

2a Trouvez l'expression qui correspond.

Reading. Students match up the English expressions with the French expressions in the Key vocabulary box.

Answers

good luck!	bonne chance!
have a nice holiday!	bonnes vacances!
happy New Year!	bonne année!
enjoy your stay!	bon séjour!
good evening!	bonsoir!
have a good weekend!	bon weekend!
have a good trip!	bon voyage!
have a nice day!	bonne journée!
happy birthday!	bon anniversaire!
happy Saint's day!	bonne fête!

2b C'est quelle image?

Listening. (1–6) Students listen to the recording and choose the picture which corresponds to each speaker.

Tapescript

1 Ah, bonsoir, je suis enchanté.
2 Allez, bonne chance!
3 Bon anniversaire, bon anniversaire, bon anniversaire, bon anniversaire …!
4 Je vous souhaite de très bonnes vacances, messieurs-dames.
5 Bonne année, tout le monde! Bonne année!
6 Bon voyage!

Answers

| 1 e | 2 b | 3 a | 4 c | 5 f | 6 d |

Suggestion

Draw a simple houseplan on OHT to recap key rooms. Once you have done this, you could have a drawing pin on the OHT and move it around the different rooms, getting students to ask questions and respond.

Q: *Où est Horace?*
R: *Dans le salon.*

3a C'est quel appartement?

Listening. (1–5) Students listen to the recording and identify the correct flat in each case. They write down the address of the correct flat each time. Go through the advertisements with your class first of all, and get them to pick out the distinguishing features of the different flats.

R Students write down just the number of the flat.

BIENVENUE EN FRANCE! — MODULE 8

Tapescript

1 *C'est un très joli appartement. Il y a un salon et une belle salle à manger. La cuisine est assez grande. Il y a trois chambres. Il y a aussi une assez grande salle de bains.*
2 *Vous allez sûrement aimer cet appartement très moderne. C'est un appartement à deux chambres, avec cuisine, salle de séjour, et salle de bains.*
3 *Je suis sûre que cet appartement va vous plaire, mademoiselle. La cuisine et le salon sont assez grands. Il y a des W-C séparés aussi. Il y a trois chambres.*
4 *C'est un autre appartement à trois chambres qui est très bien aménagé. Il y a une petite cuisine, un salon, et une salle de bains. L'appartement n'est pas très grand, mais il est très confortable.*
5 *Voici un de nos appartements de luxe, qui se trouve dans un immeuble neuf. Il y a une cuisine, une salle de séjour et la salle à manger, bien sûr. Mais on vous offre aussi deux salles de bains, des W-C et quatre chambres.*

Answers

1 2, avenue Clemenceau
2 44, rue de la Paix
3 15, boulevard de l'Abbaye
4 16, rue de Stade
5 3, place du II novembre

3b Complétez les blancs dans cette lettre. Choisissez les mots dans la case.

Reading. Students copy out the letter and fill in the blanks with the words from the box at the side.

Answers

bonjour, Lyon, maison, numéro, pièces, manger, une, premier, trois, salle

3c À deux. En français:

Speaking. Students work with a partner. Ask them to work through the conversation four times, taking it in turns to ask the questions. The first time through, they use the first set of answers. The second time through, they use the second set of answers. Then each partner gives his/her own personal answers to the questions (as indicated by the question mark). Ask your students to keep repeating the conversations, so they become increasingly fluent and faster.

3d Complétez le texte pour là où vous habitez.

Writing. Students complete the paragraph for their own home.

For example: *Bonjour, j'habite à Chester dans une maison. Mon adresse, c'est numéro 15 King Street. Dans ma maison il y a six pièces. Au rez-de-chaussée il y a la cuisine, le salon et la salle à manger. Au premier étage il y a deux chambres et la salle de bains.*

Suggestion

Use the menu on p.107 to practise key café items.

4a À deux. Regardez la carte à la page 107 et commandez à tour de rôle.

Speaking. In pairs, students take it in turns to order the items shown. After a while, they can try to order the items shown from memory, without looking at the menu in the book.

4b À deux. Préparez l'addition en euros.

Writing. For each order in **4a**, students write out a bill.

Answers

1	un thé	€3,05
	une pizza	€5,20
	total	€8,25

2	un eau minérale	€2,50
	une glace	€3,70
	total	€6,20

3	un jus de fruit	€3,05
	un croque monsieur	€4,10
	total	€7,15

4	une limonade	€2,10
	des frites	€3,50
	total	€5,60

5	un chocolat chaud	€3,40
	un sandwich au fromage	€4,50
	total	€7,90

6	un café-crème	€3,40
	une crêpe	€3,90
	total	€7,30

7	un coca	€2,50
	un sandwich au jambon	€4,60
	total	€7,10

8	un café	€2,10
	une omlette	€3,90
	total	€6,00

4c Préparez l'addition pour chaque personne, et calculez le prix total payé.

Listening. (1–5) Students listen to the recording and write down what each person orders. They then work out the total cost. Draw your students' attention to the Top Tip box.

Tapescript

1 – *Garçon!*
– *Oui, monsieur?*
– *Je voudrais deux cocas, une pizza, et une omelette …*
– *Tout de suite, monsieur.*
2 – *Mademoiselle!*
– *Vous désirez, madame?*
– *Un thé et une crêpe pour moi, et un Orangina et une glace pour mon fils, s'il vous plaît.*
– *D'accord … alors, un thé … une crêpe … un Orangina … et une glace. Quel parfum veux-tu?*
– *Une glace à la vanille, s'il vous plaît.*
3 – *Garçon!*
– *Qu'est-ce que vous désirez?*
– *Euh … deux chocolats chauds et deux sandwichs, s'il vous plaît.*
– *Oui, bien sûr. Quelle sorte de sandwichs voulez-vous?*
– *Alors, … un sandwich au fromage, et un au jambon, s'il vous plaît.*

BIENVENUE EN FRANCE!   MODULE 8

   – D'accord. Merci.
4 – Madame
   – Oui, vous désirez, monsieur?
   – Une limonade, deux eaux minérales, et un coca, s'il vous plaît.
   – C'est tout? Vous n'avez pas faim?
   – Non merci on a soif, c'est tout.
5 – Garçon!
   – Oui? Qu'est-ce que vous voudriez, messieurs-dames?
   – Un café et un croque-monsieur pour moi, et un jus de fruit et une pizza pour mon mari.
   – D'accord, pour le jus de fruit. Que préférez-vous?
   – Un jus d'orange, s'il vous plaît monsieur.
   – OK!

Answers

1	2 cocas	€2,50	**4**	1 limonade	€2,10
		€2,50		2 eaux minérales	€2,50
	1 pizza	€5,20			€2,50
	1 omelette	€3,90		1 coca	€2,50
	total	€14,10		total	€9,60
2	1 thé	€3,05	**5**	1 café	€2,10
	1 crêpe	€3,90		1 croque-monsieur	€4,10
	1 Orangina	€2,50		1 jus de fruit	€3,05
	1 glace	€3,70		1 pizza	€5,20
	total	€13,15		total	€14,45
3	2 chocolats chauds	€3,40			
		€3,40			
	un sandwich au fromage	€4,50			
	un sandwich au jambon	€4,60			
	total	€15,90			

MODULE 8 BIENVENUE EN FRANCE!

1 Voici ma maison

(Student's Book pages 108–109)

Main topics and objectives
- Describing a house in detail
- Describing your bedroom
- Talking about furniture

Grammar
- Possessive adjectives
  mon, ma, mes

Key language
l y a … étages.
En haut, il y a … pièces/l'entrée/l'escalier/la cave/ le garage/la salle de bains.
En bas, il y a la chambre de …/le lavabo/ la salle à manger/la cuisine.
un lit/une lampe/une armoire/un lave-vaisselle/ un poster/un four à micro-ondes/un frigo/ un placard/une machine à laver/un lavabo/ une douche/un miroir/une chaîne-hifi/une fenêtre/ un mur/une porte/un réveil/une cuisinière à gaz/ un canapé/un fauteuil/une chaise/une table/ un magnétoscope
derrière/à côté de/sur/dans le coin/près de la fenêtre

Resources
Cassette C, side 2
CD 3, track 3
Cahier d'exercices, pages 57–64

Suggestion
Read through Émilie's letter as a class before your students tackle activity 1a.

1a Corrigez les erreurs dans ces phrases.

Reading. (a–h) Having read Émilie's letter, students correct the errors in each of the sentences. While the first five sentences can be easily altered by changing single words, the latter ones require students to insert and remove negatives. It is worth going over the sentences orally before asking students to write their answers.

Suggestion
Reproduce the text and statements on an OHT, and highlight the relevant parts. Also highlight the words in the statements a–h which need to be changed.

Answers
> a Émilie fait un échange en Angleterre chez **Lindsay**.
> b Elle est logée dans une maison **moyenne** où il y a deux étages et 8 pieces.
> c La salle de séjour est en **bas**, et les chambres sont en **haut**.
> d Il y a 3 chambres, et Émilie partage une chambre avec **Lindsay**.
> e **Il y a de moquette partout.**
> f **Il y n'y a pas de cave ni de lave-vaisselle**.
> g Il y a un jardin **derrière** la maison.
> h On **ne** prend **pas** le dîner dans le jardin parce qu'il fait **trop froid** le soir.

R Students write down in English as much as they can about the house described in the letter from Émilie.

1b Identifiez la maison de chaque personne.

Listening. (1–5) Students listen to the recording and match the house plan to the speaker.

Tapescript
1 J'habite une grande maison à deux étages. En bas, il y trois pièces et les W-C, et en haut se trouvent trois chambres, la salle de bains et le bureau de mes parents.
2 Ma maison est un bungalow, c'est à dire qu'il n'y a qu'un seul étage. On a trois chambres, et … c'est assez grand pour ma famille.
3 Dans ma maison il y a deux étages. Au rez-de-chausée, il y a la salle de séjour, et la cuisine. La salle de bains se trouve aussi en bas. Au premier étage, il y a les deux chambres et les toilettes.
4 J'habite dans une maison à un étage. On a deux chambres, une cuisine, une salle à manger, un salon, et bien sûr une salle de bains. Ce qui est bien, c'est qu'il y a aussi un petit bureau où je fais mes devoirs.
5 J'habite dans une maison moyenne. Le salon, la cuisine et la salle à manger sont en bas, et les trois chambres et la salle de bains sont en haut.

Answers
> 1 d 2 b 3 a 4 e 5 c

+ Students write a description of one of the houses.

1c À deux. Faites la description d'une de ces maisons. Votre partenaire doit trouver la bonne maison.

Speaking. Students use the same house plans as in Activity 1b. Working in pairs, one student describes one of the houses. The partner identifies the right plan. Then they change role. Students could work out the minimum and maximum number of words which can be used to do this.

2a Identifiez les choses dans la chambre.

Reading. (1–12) Students read the letter and identify the objects numbered in the drawing.

119

BIENVENUE EN FRANCE! MODULE 8

Answers

| 1 de posters 2 une lampe 3 les rideaux 4 une armoire
5 son réveil 6 sa télé 7 deux lits 8 un chien en peluche
9 une petite table en bois 10 un magnétoscope
11 la moquette 12 une chaîne hi-fi |

2b Émilie fait une description de sa propre chambre. Remplissez les blancs avec *mon*, *ma* ou *mes*.

Writing. Students copy and complete the text with the correct form of *mon/ma/mes*.

Answers

| as tapescript for 2c |

2c Écoutez la description d'Émilie pour voir si vous avez raison.

Listening. Students listen to the same description used in activity 2b, and correct their answers.

Tapescript

Ma chambre est plus petite que celle de Lindsay. Mes rideaux sont beiges et ma moquette est verte. Mon armoire est dans le coin, à côté de ma chaîne hi-fi. Sur mon lit il y a mon chien en peluche, et souvent mes vêtements sont sur mon lit aussi! Ma petite lampe verte est sur ma table en bois. J'ai ma propre chambre, et j'aime bien avoir une chambre à moi.

R Students draw a picture of the bedroom described and label it.

3 Cherchez l'intrus dans chaque liste. Utilisez un dictionnaire si nécessaire.

Reading. (1–5) Students read each group of words and write down the odd-one-out each time. All the items in this exercise are key vocabulary and need to be learned by heart.

Answers

| a *un lave-vaisselle* (not in a bedroom)
b *un placard* (not electric)
c *un réveil* (not a fixture)
d *une cuisinière à gaz* (you don't sit on it)
e *une chaîne hi-fi* (not in a bathroom) |

+ Students write some more groups of five words (on any topic) with an odd one out in each group. They then ask their partner to identify the odd one out.

4a Identifiez et notez la pièce en français.

Listening. (1–5) Students listen to the recording and deduce from what they hear which room is being talked about.

Tapescript

1 *Tu vois, il y a mon armoire là-bas et il y a tous mes vêtements dedans. À côté de l'armoire, il y a mon lit et ma petite table. Mon réveil est sur la table, et ma petite lampe bleue y est aussi.*
2 *Dans le coin, il y a la télé. Le canapé et les deux fauteuils en cuir sont près de la fenêtre, à côté de la chaine hi-fi. C'est dans cette salle qu'on regarde la télé en famille.*
3 *Il y a une table et six chaises, parce qu'on mange ici. Le piano est dans cette salle aussi.*
4 *La machine à laver et le lave-vaisselle sont dans le coin. On a une cuisinière électrique et un four à micro-ondes, et bien sûr, il y a un frigo.*
5 *C'est une petite pièce, où il y a un lavabo, les toilettes, une douche, et un miroir. Et c'est tout.*

Answers

| 1 la chambre 2 la salle de séjour/le salon
3 la salle à manger 4 la cuisine 5 la salle de bain |

4b Préparez une liste de tous les meubles dans trois pièces dans votre maison. Utilisez un dictionnaire. Notez les meubles avec *un/une*.

Writing. Students list all the items in three rooms of their house to practise their dictionary skills. Draw their attention to the Top Tip box, and go through some examples of finding the right word when there is a choice given (see example).

MODULE 8 — BIENVENUE EN FRANCE!

2 La télé

(Student's Book pages 110–111)

Main topics and objectives
- Saying what kind of TV programmes and films you like/dislike, and why
- Describing a TV programme or film, and its plot

Grammar
- Direct object pronouns
  Tu aimes les films? Oui, je les aime.

Key language
*Mon émission de télé préférée/film préféré s'appelle …
C'est un film policier/un film d'horreur/de science-fiction/un feuilleton/une émission pour les jeunes/de sport/un dessin animé/un jeu télévisé
qui a lieu …
dans une ville à New York/en Australie/en Amérique.
Il s'agit d'un agent de police/d'une famille et ses problèmes.
J'aime cette émission/ce film parce que …
c'est passionnant/ça me fait rire.
Tu aimes les dessins animés?
Oui, je les aime/je les adore.
Non, je ne les aime pas/je les déteste.*

Resources
Cassette C, side 2
CD 3, track 4
Cahier d'exercices, pages 57–64
Grammaire 7.2, page 177

Suggestion
Use an OHT of a TV schedule or the names of British programmes to present the key language, i.e. different types of TV programme and films. You could say the name of a programme on British TV or a famous film, and then introduce the type of programme/film, getting students to repeat and practise.

For example: *South Park, c'est un dessin animé.*

Use *Tu aimes les …?* and *j'adore/j'aime/je n'aime pas/je déteste* to practise giving simple opinions.

1a *Faites une liste de toutes les sortes d'émisisions mentionées dans le texte. Trouvez un exemple de la télévision britannique pour chaque sorte d'émission.*

Reading. Having read the text, students list the different types of TV programmes and films they can find. Beside each one they write a British example of this genre. The programme types are key vocabulary and need to be learned.

Answers

les émissions de musique	les informations
les documentaires	le journal
la publicité	les films d'amour
les dessins animés	les séries
les films policiers	les émissions de sport
les films d'horreur	les jeux télévisés
les films de science-fiction	

1b *Répondez à ces questions en français.*

Reading. Students answer the questions in French.

Answers
1. Elle va regarder 'M comme Musique'.
2. Elle aime beaucoup les émissions de musique et les documentaires.
3. Elle trouve ça bête.
4. Il préfère films policiers, d'horreur et de science-fiction.
5. Son émission préférée, c'est 'Les Simpson'. C'est un dessin animé.
6. Il aime 'Les Simpson' parce que ça le fait rire.
7. Elle regarde les informations tous les soirs.
8. Elle aime les films d'amour.
9. Elle n'aime pas les séries américaines et anglaises.
10. Elle aime beaucoup la musique classique.
11. C'est une émission de sport.
12. Il n'aime pas les jeux télévisés/les feuilletons.
13. 'Who wants to be a millionaire?'

1c *Copiez et complétez la grille en français.*

Listening. (1–5) Having copied the grid, students listen to the recording and note the relevant information in French.

Tapescript
1. À la télé, j'aime beaucoup les séries, mais je n'aime pas tellement regarder les informations. Mon émission préférée s'appelle Beverley Hills, parce que c'est très amusant.
2. Moi, j'adore les films d'aventures. Pourtant, je n'aime pas les feuilletons. Le film que je préfère, c'est 'Batman et Robin'. Ah! J'adore les acteurs dans ce film.
3. Je n'aime pas regarder la télé. Il y a trop d'émissions de sport, et je n'aime pas ça. Par contre, j'aime beaucoup regarder les informations. L'émission que je préfère s'appelle 'Téléjournal', parce que le présentateur est excellent.
4. Je trouve les documentaires à la télé très bien faits, mais je n'aime pas du tout les émissions de musique. Mon programme favori s'appelle 'Ce Soir', parce que c'est très intéressant.
5. Je regarde beaucoup la télé, presque trois heures par jour. J'aime tout, sauf les films: j'ai horreur des films, ils sont trop

BIENVENUE EN FRANCE! MODULE 8

longs. J'aime surtout les dessins animés. Mon émission préférée c'est 'Inspecteur Gadget'. Ça me fait rire!

Answers

	aime	n'aime pas	émission préférée	raison
1	les séries	les informations	'Beverley Hills'	trés amusant
2	les films d'aventures	les feuilletons	'Batman et Robin'	adore les acteurs
3	les informations	regarder la télé	'Téléjournal'	le presentateur est excellent
4	les documentaires	les émissions de musique	'Ce soir'	très intéressant
5	les dessins animés	les films	'Inspecteur Gadget'	Ça me fait rire

✚ Students write a paragraph about their own TV preferences.

1d Sondage. Préparez une grille 6 × 6. Écrivez 5 sortes d'émissions en haut. Interviewez 5 personnes pour trouver leurs préférences.

Speaking. Students prepare a grid and write in five types of TV programme or film along the top. They then ask five different people the question:

Tu aimes les … ? (+ type of programme).

Encourage students to answer using the direct object pronoun *les*. Students can record their findings with a single word, e.g. *aime/déteste*.

After the activity, you can get the class to find out the most popular type of TV programme by pooling their results.

2a Identifiez l'émission de télé britannique.

Reading. (a–f) Students identify the TV programme from the description.

Answers

a Grange Hill
b The Simpsons
c Coronation Street
d Who Wants to Be a Millionaire?
e Grandstand

✚ Students write their opinion of each of the TV programmes described. Say why they like/dislike each one.

2b Identifiez le film.

Listening. (1–5) Students listen to the recording and work out which of the five films is being described.

✚ Ask students to write down in French any words or expressions they hear which lead them to their answer.

Tapescript

1 Ce film a lieu en Amérique. Il s'agit d'un collège pour les agents de police. C'est un film comique qui est très drôle.
2 Ce film est assez vieux mais c'est un film d'horreur classique. Il s'agit d'un monstre aux longues dents qui aime attaquer les femmes.
3 La pièce de Shakespeare a été modernisée dans ce film d'amour qui a lieu en Amérique. Il s'agit de deux jeunes de familles différentes qui tombent amoureux.
4 C'est un film d'aventures assez choquant. Il s'agit de plusieurs accidents affreux à la plage, causés par un requin.
5 C'est un des films de science-fiction les plus connus. Il s'agit d'un groupe de voyageurs dans l'espace.

Answers

1 d 2 e 3 b 4 c 5 a

2c En groupes. Une personne fait une description d'une émission de télé célèbre, ou d'un film. Le groupe identifie l'émission ou le film.

Speaking. In groups of three or four, students take it in turns to describe a film or TV programme. The others must guess which one is being described.

Encourage them to use the structure given in the speech bubble.

2d Écrivez une description de: 1) votre émission de télé préférée; 2) votre film favori.

Writing. Using the sentence-generating box for help, students write a description of their favourite TV programme and favourite film. Draw their attention to the Top Tip box.

✚ Students write a description of their favourite book.

MODULE 8

3 On sort manger

(Student's Book pages 112–113)

Main topics and objectives
- Understanding and ordering from a restaurant menu
- Asking questions in a restaurant
- Dealing with a problem in a restaurant

Grammar
- Asking questions
- *ne ... pas*

Key language

J'ai réservé une table pour ... personnes.
Je peux avoir le menu/de l'eau/l'addition s'il vous plaît?
Voici la carte.
Vous avez choisi? Qu'est-ce que vous voulez commander?
Le menu à ... euros/prix fixe, s'il vous plaît.
Quel est le plat du jour?
C'est quoi exactement?
C'est une sorte de ...
Comme hors d'œuvre/plat principal/dessert/boisson, je voudrais ...
Avez-vous de/des ...
Ma cuillère est sale.
Ce couteau n'est pas propre.
Mon potage est froid.
Je n'ai pas de fourchette/verre.
Il n'y a pas de sel ou de poivre.
L'addition n'est pas juste.

Resources

Cassette C, side 2
CD 3, track 5
Cahier d'exercices, pages 57–64

Suggestion

Read/listen to the conversation at the top of page 112 of the Student's Book, as a lead-in to this unit.

Tapescript

– *Bonjour, J'ai réservé une table pour 5 personnes, au nom de Dubois.*
– *Ah, oui monsieur, entrez. Voici votre table, asseyez-vous. Voici la carte.*
  (quelques minutes plus tard)
– *Vous avez choisi?*
– *Oui, on voudrait le menu à €12, s'il vous plaît.*
– *D'accord. Et qu'est-ce que vous voulez commander?*

1a Regardez le menu. Notez la commande de chaque personne en français.

Listening. (1–5) While looking at the menu, students listen to the recording and note down in French what each person orders. Go over the pronunciation of the menu items first with your class.

Tapescript

1 – *Comme hors d'œuvre, je voudrais des crudités, comme plat principal, je voudrais le poulet rôti et les haricots verts, et comme dessert, je voudrais une glace, s'il vous plaît. Comme boisson, apportez-moi une bière.*
2 – *Vous avez choisi?*
   – *Oui, quel est le plat du jour?*
   – *C'est une omelette aux fines herbes, madame.*
   – *D'accord. Je vais prendre l'omelette comme plat principal. Comme entrée, je vais prendre les fruits de mer, et comme dessert, la mousse au chocolat.*
   – *Oui. Vous voulez quelque chose à boire, madame?*
   – *Oui, une carafe de vin blanc, s'il vous plaît.*
   – *Toute suite.*
3 – *Pour moi, ça sera des crudités pour commencer, et après, le bœuf bourguignon. Quelle est la pâtisserie maison?*
   – *C'est une tarte aux pommes.*
– *Mmm, délicieux. Une pâtisserie maison, donc, et de l'eau, s'il vous plaît.*
4 – *Moi, je voudrais des crudités, le poulet rôti, et une glace. Je vais boire de l'eau aussi.*
5 – *Et vous, mademoiselle?*
   – *Je vais essayer l'assiette de saucisson sec comme hors d'œuvres.*
   – *Oui, et comme plat principal?*
   – *Je voudrais ... le bœuf bourguignon. Comme dessert, une glace s'il vous plaît.*
   – *Oui, qu'est-ce que vous voulez boire?*
   – *De l'eau minérale, s'il vous plaît.*

Answers

	hors d'œuvres	plats principaux	desserts	boissons
1	des crudités	le poulet rôti et les haricots verts	une glace	une bière
2	les fruits de mer	le plat du jour (l'omelette)	la mousse au chocolat	une carafe de vin blanc
3	des crudités	le bœuf bourguigon	une tarte aux pommes	de l'eau
4	des crudités	le poulet rôti	une glace	de l'eau
5	l'assiette de saucisson sec	le bœuf bourguignon	une glace	de l'eau minérale

➕ Students use the dictionary to prepare a 'Menu à €15' for the Restaurant des Jongleurs.

1b Commandez un repas complet du menu à €12.

Speaking. Using the prompts, students order themselves a full meal from the €12 menu.

Encourage them to repeat the activity several times until they are able to do it flowingly.

➕ Students write out the meal they would choose from the €15 menu.

123

BIENVENUE EN FRANCE! MODULE 8

2 Quel est le plat du jour?

Listening. (1–6) Students listen to the recording and identify the dish being described from the picture.

They note down the letter of the dish described.

➕ Ask students to write down as much as they can about the dish in French.

Tapescript

1 – Quel est le plat du jour?
 – C'est du bœuf bourguignon.
 – C'est quoi exactement?
 – C'est du bœuf, donc de la viande, avec des légumes comme des carottes et des oignons, dans une sauce.
2 – Quel est le plat du jour?
 – Aujourd'hui, c'est le colin aux épinards.
 – C'est quoi exactement?
 – C'est du poisson avec des épinards. Des épinards, c'est un légume vert. C'est le légume préféré de Popeye, vous savez!
3 – Quel est le plat du jour?
 – C'est la blanquette de poulet.
 – C'est quoi exactement?
 – C'est du poulet dans une sauce à la crème. C'est très bon.
4 – Quel est le plat du jour?
 – C'est une spécialité de notre région, c'est la quiche lorraine.
 – C'est quoi exactement?
 – C'est une sorte de tarte, faite avec des œufs, du lait et des lardons dedans.
5 – Quel est le plat du jour?
 – C'est des poivrons farcis.
 – Et c'est quoi exactement?
 – C'est des poivrons rouges, des poivrons verts, avec à l'intérieur, du riz et des légumes euh … le tout dans une sauce tomate.
6 – S'il vous plaît, quel est le plat du jour?
 – Alors aujourd'hui le plat du jour c'est un steak haché.
 – C'est quoi exactement?
 – Oh, ça ressemble à un hamburger, mais c'est très bon.

Answers

| 1 b | 2 d | 3 c | 4 e | 5 f | 6 a |

3a Faites correspondre la question et la bonne réponse.

Reading. Students match up the key questions with the possible answer.

Answers

| 1 g | 2 c | 3 f | 4 a | 5 d | 6 e | 7 b |

3b À deux. En français:

Speaking. In pairs, students prepare the conversation in French. They should take turns to be the customer and order items from the menu on p.112.

4a Identifiez le problème.

Reading. (1–7) Students match up the picture with the problem.

Answers

| 1 e | 2 c | 3 a | 4 d | 5 f | 6 g | 7 b |

4b Complétez les phrases pour chaque conversation au restaurant.

Listening. (1–4) Students copy out the beginnings of the sentences, if liked. Alternatively, they can just note down the answers. They listen to the recording and try to complete the sentences in French.

Tapescript

1 – Bonjour, monsieur, j'ai réservé une table pour huit heures, pour deux personnes.
 – Pour huit heures? À quel nom?
 – C'est au nom de Gourbeault.
 – Gourbeault, Gourbeault … ah non, je … je regrette madame, il n'y a pas de réservation au nom de Gourbeault pour ce soir, et le restaurant est complet.
 – Le restaurant est complet? Ah non, ça va pas.
2 – Monsieur? Vous avez bien commandé le poulet rôti?
 – Oui c'est ça, j'adore le poulet rôti, c'est mon plat préféré.
 – Je regrette, monsieur. Non, mais il n'y a plus de poulet.
 – Il n'y en a plus? Ça alors! Un restaurant sans poulet? C'est quelque chose, ça …
3 – Garçon! Garçon!
 – Oui mademoiselle?
 – J'aimerais bien commencer à manger mon omelette et mes frites, mais je n'ai pas de fourchette.
 – Oh, excusez-moi mademoiselle, je vais vous en chercher une tout de suite.
4 – Garçon! Je voudrais l'addition, s'il vous plaît.
 – Oui. Monsieur, un moment, s'il vous plaît … la voilà.
 – Mais ça ne va pas! Il y a une erreur ici, cette addition n'est pas juste. Je n'ai pas bu trois bouteilles de vin, moi!

Answers

| **1** une table pour 8 heures, pour 2 personnes le restaurant est complet | **3** un omelette et des frites pas de fourchette |
| **2** poulet rôti il n'y a pas plus de poulet | **4** l'addition l'addition n'est pas juste |

➕ Students write a letter complaining about a disastrous visit to a restaurant.

5 En groupe. Préparez un sketch en français qui s'appelle 'Au Restaurant'. Présentez le sketch à la classe, ou enregistrez-le.

Speaking. In groups of three or four, students prepare a sketch in a restaurant. Encourage them to use humour and to speak from memory rather than reading from their book. If they need prompts, get them to write their cues on the waiter's notepad, or the inside of the menu, so that it does not look obvious.

MODULE 8 — *Entraînez-vous*

(Student's Book pages 114–115)

Speaking practice and coursework

À l'oral

Topics revised
- Eating out at a restaurant
- Welcoming a French guest
- Describing your bedroom
- Describing your home
- Talking about TV/films

1 You go into a restaurant with your family.

2 Your French penfriend has just arrived to stay with you.

Role-play. Students work in pairs. They can take it in turns to be the 'teacher', doing each role-play twice.

3 Talk about your room for 1 minute. Make yourself a cue card.

Presentation. Students are to give a short talk about their bedroom. Remind them they can invent the information if they prefer. This can be prepared:

- prepared in the classroom or at home;
- it can be recorded on tape;
- students can give their talk to a small group of other students; or
- certain students can be chosen to give their talk to the whole class.

The main thing is that students become used to speaking from notes, not reading a speech.

Questions générales

Speaking. These are key questions to practise for the oral exam, taken from the module as a whole. Students can practise asking and answering the questions in pairs. They should be encouraged to add as much detail as possible. It is often a good idea to write model answers together in class.

Draw your students' attention to the Top Tip exam box, which points out the importance of advance preparation. If they feel prepared, students will feel more confident. You can emphasise the fact that they can prepare fully for the conversation at this level because they can rehearse the questions and answers.

À l'écrit

Topics revised
- Describing your bedroom or garden
- Letter writing
- Describing programmes/films

1 Produce a labelled plan or photo of your/a house along with a description, in French. Include a description of your bedroom and your garden (real or imagined). Use pages 105, 108 and 109 for help.

Writing. Students can invent a house to describe if they prefer, if this gives them more scope. At an easier level, students could produce a plan/labelled drawing only.

2 Write an informal letter describing your favourite types of film or TV programmes.

Writing. Students read the instructions on letter writing and incorporate some of this into their letter. Remind them that they should not mention programmes by name too much, but rather talk about types of programmes.

MODULE 8 — À toi!

(Student's Book Pages 160–161)

Self-access reading and writing at two levels.

1 Trouvez l'image qui correspond à chaque histoire drôle.

Reading. Students match up pictures with jokes.

Answers

| 1 g 2 f 3 a 4 h 5 d 6 e 7 b 8 c |

2 Copiez et complétez cette histoire drôle. Les mots qui manquent sont en bas.

Reading. Students copy out the joke and fill in the missing words using the ones given. When they have finished, ask them to explain the joke in English to see if they have understood it.

Answers

vacances, pique-nique, travaille, monsieur, heures, demande, quelle, pardon, Boulogne, fermier, passe, furieux

3 Vous allez faire un échange en France. En français, faites une liste des cadeaux pour votre correspondant et sa famille.

Writing. Students need to be sure they write down a different present for each person. Encourage them to use words they know are right.

4 Paul vous a envoyé un email au sujet de votre séjour. Répondez en français à toutes ses questions.

Writing. Students write a reply. As usual, go through the prompts with the whole class to ensure they have spotted the tenses to use for each part. Encourage them to write at least three details in response to each prompt.

BIENVENUE EN FRANCE!

MODULE 8

Cahier d'exercices, page 57

1
Answers

1 d 2 g 3 a 4 h 5 f 6 i 7 b 8 c 9 j 10 e

2
Answers

a Dans la sa**lle** de **b**ains il y a une dou**che**, une baignoire et un lavabo.
b Dans la **s**a**lle** de **s**éjour il y a un **s**ofa et un fau**te**uil.
c Dans la **ch**ambre il y a un **lit**, une lam**pe** et un **n**ou**n**ou**r**s.
d Dans la **cui**sine il y a la ma**chine** à **l**a**v**er, le **p**la**c**ar**d** et la **c**uisi**n**iè**re**.
e Dans le bur**eau** il y a une **ch**aise et l'**o**r**d**i**na**teur.

3 (writing task)

Cahier d'exercices, page 58

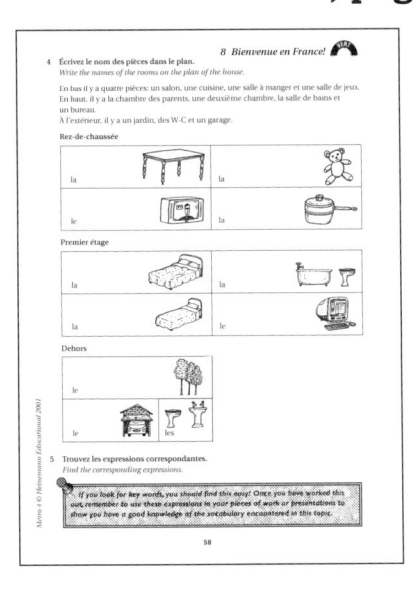

4
Answers

Rez-de-chaussée	
la salle à manger	la salle de jeux
le salon	la cuisine
Premier étage	
la chambre des parents	la salle de bains
la deuxième chambre	le bureau
Dehors	
le jardin	
le garage	les W.C.

5

Cahier d'exercices, page 59

5 (contd.)
Answers

a 7 b 6 c 4 d 8 e 2 f 3 g 1 h 5

6
Answers

(Accept any 5 of these answers)
- bay windows/different windows
- Gardens seem smaller in England
- Carpet/tiles
- Eating in front of telly in England
- Supper at 6pm/France later (around 8pm)
- Sliced bread/baguette
- Uniform/no uniform
- Driving on the left/on the right

BIENVENUE EN FRANCE!

MODULE 8

Cahier d'exercices, page 60

7
Answers

chambre	cuisine	salon	salle de bains
lit	frigo	canapé	W.C.
ordinateur	four	chaîne hi-fi	lavabo
réveil	lave-vaisselle		douche
armoire	cuisinière		baignoire
bureau			

8
Answers

small/single bed/Robbie Williams poster/mirror/alarm-clock on bedside cabinet/blue curtains/big wardrobe/rug.

9 (writing task)

Cahier d'exercices, page 61

10
Answers

a ✓ b ✗ c ✓ d ✗ e ✓ f ✓ g ✓ h ✓ i ✗ j ✗

11
Answers

1 f **2** d **3** j **4** h **5** a **6** g **7** i **8** b **9** e **10** c

12
Answers

a Jurassic Park **b** Friends **c** Digimon **d** Elizabeth **e** Stade 2 **f** Hit Machine **g** Astérix et Obélix

Cahier d'exercices, page 62

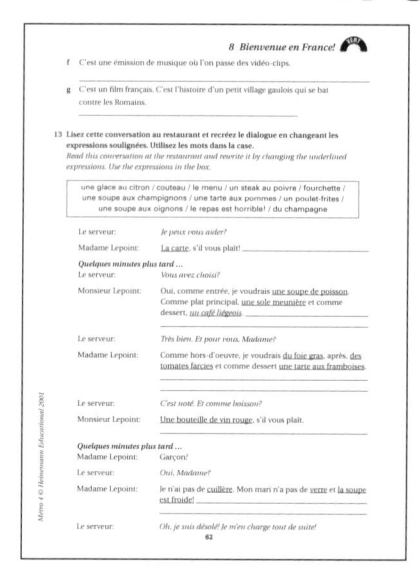

13
Answers

Mme. L: Le menu, s'il vous plaît!
M. L: Oui, comme entrée, je voudrais une soupe aux champignons/une soupe aux oignons. Comme plat principal, un poulet-frites/un steak au poivre et comme dessert, une glace au citron/une tarte aux pommes.
Mme. L: Comme hors-d'œuvre, je voudrais une soupe aux oignons/une soupe aux champignons, après, un steak au poivre/un poulet-frites et comme dessert une tarte aux pommes/une glace au citron.
M. L: Du champagne, s'il vous plaît.
Mme. L: Je n'ai pas de couteau. Mon mari n'a pas de fourchette et le repas est horrible!

BIENVENUE EN FRANCE!

MODULE 8

Cahier d'exercices, page 63

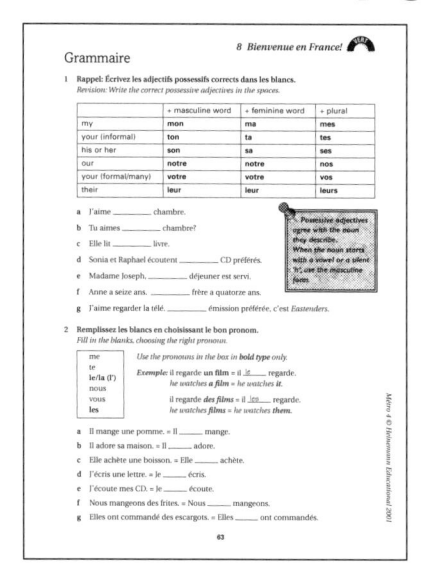

1
Answers

| a ma | b ta | c son | d leurs | e votre | f son | g mon |

2
Answers

| a la | b l' | c l' | d l' | e les | f les | g les |

Cahier d'exercices, page 64

Module 9: En bonne forme

(Student's Book pages 118–131)

Unit	Main topics and objectives	Grammar	Key language
Déjà vu (pp. 118–119)	Asking somebody how they are, and responding to this question Naming the parts of the body Saying where you have pain Using the 24-hour clock Saying when you have your meals	*Au/à la/à l'/aux*	Comment vas-tu?/Comment allez-vous?/Comment ça va?/Ça va? Je vais très bien/Je vais mieux. Comme ci-comme ça/Pas mal. Je suis malade/Ça ne va pas. J'ai mal (au genou). Tu as mal (à la main). Il/Elle a mal (à l'oreille). le bras/le dos/le doigt/le genou/le nez/ le pied/le ventre/l'estomac/l'œil/les yeux/ la dent/la gorge/la jambe/la main/ la tête/l'oreille/le coude Je prends (le petit déjeuner) à … (l'heure + 24-hour clock).
1 La routine (pp. 120–121)	Talking about your daily routine	Reflexive verbs	Il se leve à … heures. Il va au collège en car. Il préfére dormir l'après-midi. Tu te lèves à quelle heure? Je (me lève) à et je (me douche) … Je prends le petit-déjeuner vers … Je quitte la maison à … Je rentre à la maison vers … Je me répose à … Je me couche plus tard. et/puis/ensuite/après/mais/pourtant …
2 Avez-vous la pêche? (pp. 122–123)	Saying what you like/dislike to eat/drink Talking about what you eat for each meal Understanding information about healthy eating	Revision of direct object pronouns The partitive article *le, la, les* *du, de la, de l', des*	Tu aime (les abricots)? Oui, je l'aime/je l'adore. Non, je ne l'aime pas/Je le/la déteste. Pour le (repas) je mange (du jambon). Je bois (du coca).
3 Ça ne va pas (pp. 124–125)	Talking about common illnesses Understanding common remedies Visiting the doctor Understanding information about First Aid	Expressions with *avoir*	Qu'est-ce qui ne va pas? Je ne vais pas très bien. J'ai très (chaud). Je n'ai pas faim. Je me sens très fatigué(e). Je suis malade. J'ai mal au cœur. J'ai la grippe. J'ai vomi. Je suis enrhumé(e). Je me suis blessé(e) à la jambe. J'ai mal à la gorge. Je ne peux pas dormir. Prenez ces comprimés/pastilles/ce sirop/rendez-vous chez le médecin. Buvez beaucoup d'eau. Reposez-vous.

EN BONNE FORME — MODULE 9

Unit	Main topics and objectives	Grammar	Key language
4 Ça vaut le risque? (pp. 126–127)	Talking about why people smoke, and the disadvantages of smoking Understanding information about other addictions	The present tense The pronoun – *on*	Je fume/Je ne fume pas. Je suis pour/contre le tabac parce que/qu'… À mon avis/Je pense que/qu'… si on fume, on a l'air plus adulte. le tabac sent mauvais. on risque d'avoir le cancer et des maladies cardiaques. c'est reposant de fumer une cigarette. si on s'habitue au tabac, on ne peut pas s'arrêter. les cigarettes coûtent très cher. je veux faire la même chose que mes copains. si j'ai une cigarette à la main, j'ai plus confiance en moi. l'odeur du tabac cause des problèmes pour les autres.
Entraînez-vous (pp. 128–129)	Speaking practice and coursework	Revision of: Past, present and future tenses *Tu* and *vous* Asking questions	
À toi! (pp. 162–163)	Self-access reading and writing Understanding a recipe Saying what is wrong with you Talking about fitness	Reflexive verbs The partitive article *au/à la/à l'/aux* Negatives (*ne … pas*)	

MODULE 9 — *Déjà vu*

(Student's Book pages 118–119)

Main topics and objectives
- Asking somebody how they are, and responding to this question
- Naming the parts of the body
- Saying where you have pain
- Using the 24-hour clock
- Saying when you have your meals

Grammar
- *Au/à la/à l'/aux*

Key language
Comment vas-tu?/Comment allez-vous?/
Comment ça va?/Ça va?
Je vais très bien/Je vais mieux.
Comme ci-comme ça/Pas mal.
Je suis malade/Ça ne va pas.
J'ai mal au genou.
Tu as mal à la main.
Il/Elle a mal à l'oreille/aux yeux.
le bras/le dos/le doigt/le genou/le nez/le pied/
le ventre/l'estomac/l'œil/les yeux/la dent/la gorge/
la jambe/la main/la tête/l'oreille/le coude
Je prends le petit déjeuner/le déjeuner/le goûter/
le dîner à ... (l'heure + 24-hour clock).

Resources
Cassette D, side 1
CD 3, track 6
Cahier d'exercices, pages 65–71

Suggestion
Lead in by looking at the phrases about how you are feeling. At the start of lessons from now on, you can try to remember to ask students how they are.

1a Comment vont-ils? Notez ☺, 😐 ou ☹.

Listening. (1–6) Students listen to the recording and note down how the speaker is feeling, by using ☺, 😐 or ☹.

Tapescript
1 *Ça va?*
   Bof, comme ci, comme ça.
2 *Comment vas-tu?*
   Je vais très bien, merci. Et toi?
3 *Comment allez-vous?*
   Je vais mieux, merci.
4 *Comment vas-tu?*
   Oh, pas mal ...
5 *Comment ça va?*
   Ça ne va pas!
6 *Ça va?*
   Non, je suis malade ...

Answers
1 😐 2 ☺ 3 ☺ 4 😐 5 ☹ 6 ☹

Suggestion
Use the picture on p.118 or an OHT of this to present the body parts.

1b Identifiez la partie du corps.

Reading. (a–o) Students look at the picture and match each letter with the correct body part from the Key vocabulary box.

Answers
a le coude	b le doigt	c la tête	d l'œil/les yeux
e le nez	f l'oreille	g la dent	h la gorge	i la main
j le bras	k le ventre/l'estomac	l la jambe	m le genou
n le pied	o le dos	p la bouche	

1c Qu'est-ce qui fait mal? Notez la bonne lettre.

Listening. (1–10) Students listen to the recording and using the picture from activity 1b, write down the letter of the painful body part.

Tapescript
1 *Aïe! J'ai mal au bras.*
2 *Maman! J'ai très mal à la tête ...*
3 *Oh docteur, j'ai mal aux oreilles ...*
4 *Tu as mal aux dents? Il faut aller chez le dentiste, mon chéri.*
5 *Ah! J'ai mal au dos!*
6 *Euhh, j'ai mal au ventre ...*
7 *Je me suis fait mal à la main en fermant la porte. Aïe!*
8 *J'ai mal à la gorge.*
9 *J'ai mal aux yeux.*
10 *J'ai mal aux oreilles.*
    Pardon?
    J'ai mal aux oreilles.
    Pardon?
    J'ai mal ... arrête!

Answers
1 j 2 c 3 f 4 g 5 o 6 k 7 i 8 l 9 d 10 f

1d À deux. Expliquez votre problème en français. Votre partenaire trouve la bonne image.

EN BONNE FORME   MODULE 9

Speaking. In pairs, students take turns to describe what is hurting according to the pictures. For example: 1. *j'ai mal … à la gorge.* Draw their attention to *le* changing to *au*, and *les* changing to *aux*.

2 Trouvez les paires.

Reading. Students match up the times which are the same.

Suggestion

Go through how the 24-hour clock works before they start the activity.

Answers

1 deux heures et demie	= **g** quatorze heures trente
2 quatre heures moins le quart	= **f** quinze heures quarante-cinq
3 sept heures	= **d** dix-neuf heures
4 neuf heures et quart	= **a** vingt et une heures quinze
5 onze heures et demie	= **e** vingt-trois heures trente
6 une heure moins le quart	= **h** douze heures quarante-cinq
7 dix heures	= **b** vingt-deux heures
8 huit heures et quart	= **c** vingt heures quinze

3a Qui parle? Notez le bon prénom.

Listening. (1–8) Students listen to the recording and note the name of the person whose mealtime matches up with the written information.

Draw your students' attention to the Top Tip box which gives advice about noting down times during listening activities.

R Before starting the activity, work out with your class what the times shown are in French.

Tapescript

1 Je prends le dîner à vingt heures.
2 Je prends le déjeuner à douze heures quarante-cinq.
3 Je prends le petit déjeuner à six heures trente.
4 Je prends le dîner à vingt heures quarante-cinq.
5 Je prends le repas de midi à treize heures quinze.
6 Je prends le petit déjeuner à sept heures quinze.
7 Je prends le repas du soir à dix-neuf heures trente.
8 Je prends le petit déjeuner à huit heures.

Answers

| **1** Laure **2** Marie **3** Laure **4** Suzanne **5** Laure |
| **6** Suzanne **7** Marie **8** Marie |

3b À deux. Prenez le rôle de Laure/Suzanne. Dites les heures de vos repas.

Speaking. Working with a partner, students take turns to be Laure and Suzanne, using the written information to say when their three mealtimes are. They use the speech bubble as a model.

3c Écrivez une phrase en français sur les heures de vos repas.

Writing. Using the speech bubble as a model, students write out a sentence saying when their three mealtimes are.

MODULE 9 EN BONNE FORME

1 La routine

(Student's Book pages 120–121)

Main topics and objectives
- Talking about your daily routine

Grammar
- Reflexive verbs
  Se laver

Key language
Il se leve à ... heures.
*À ... heures il se lève/il se lave/il se brosse les dents/
il part de chez lui/il prend son déjeuner/il se couche.*
Il va au collège en car.
Il préfére dormir l'après-midi.
Tu te lèves à quelle heure?
Je me lève/je me lave à ...
et je me douche/je me brosse les dents dans ...
Je prends le petit-déjeuner vers ...
Je prends le dîner/quitte la maison à ...
Je rentre à la maison vers ...
Je me repose à ...
Je me couche plus tard.
et/puis/ensuite/après/mais/pourtant ...

Resources
Cassette D, side 1
CD 3, track 6 (contd.)
Cahier d'exercices, pages 65–71.
Grammaire 3.8, page 172

Suggestion
Read through the cartoon strip on p.120 together before asking students to tackle activity 1a.

1a Répondez aux questions en français.

Reading. Students read the cartoon strip and answer the questions in French. Encourage them to use the cartoon drawings for help.

Answers

1	à 6h30
2	il se lave
3	vers 7h30
4	en car
5	à la cantine
6	dormir
7	à 22h

1b Copiez les phrases 1–10, et changez les mots soulignés pour décrire votre routine.

Writing. Students copy the captions from the cartoon story and change the underlined parts in accordance with their own personal daily routine.

➕ Students illustrate activity 1b by drawing a cartoon strip about themselves.

1c À deux. Préparez 5 questions sur la routine de votre partenaire. Posez ces questions à votre partenaire et notez ses réponses. Présentez ce que vous avez trouvé au reste de la classe.

Speaking. Students use reflexive verbs in all three singular forms in this activity. First, they prepare 5 questions in French about daily routine. They should be able to make up questions at this stage. They can look at activity 1a for inspiration. They then ask their partner the questions, and note down the answers given. Students then report back what they have found out to the class. You could ask them to write out their findings and read this to the class, to encourage them to use the reflexive pronouns successfully.

R Create the 5 questions as a class or give the students 5 ready-made questions.

➕ Ask the students also to prepare a set of questions using *vous* which they can ask you.

➕ Students interview several people, then write paragraphs about their routines.

2a Copiez et complétez les phrases pour cette athlète olympique française.

Listening. (1–8) Students listen to the recording and complete the sentences.

Tapescript

– *Je fais de la natation depuis l'âge de quatre ans, et mon rêve, c'est de gagner une médaille aux jeux olympiques.*
– *Je me lève tous les jours à six heures. Après avoir pris un petit déjeuner léger – un jus de fruits, un yaourt – je vais à la piscine vers six heures et demie. À la piscine, je m'entraîne avec le club de natation jusqu'à huit heures et demie, quand je rentre à la maison.*
– *Je me douche et je mange encore un peu, puis, à neuf heures, je quitte la maison pour aller au travail. J'ai un emploi dans une banque locale, où je commence à neuf heures et quart et finis à six heures moins le quart.*
– *Directement après le travail, vers six heures de soir, je pars pour la piscine: et oui, il faut faire encore un peu d'entraînement ... on s'entraîne pendant deux heures et demie, puis, vers huit heures trente, je me douche et je vais chez moi.*
– *Je me couche tôt, vers dix heures, parce que je dois me lever de bonne heure le lendemain matin.*

134

EN BONNE FORME · MODULE 9

Answers

1 se lève 2 va à la piscine 3 rentre à la maison
4 quitte la maison 5 9h15 … 5h45
6 part pour la piscine 7 se douche 8 se couche

2b Lisez le texte et finissez les phrases correctement.

Reading. Having read the text about Fabien Barthez, students choose the relevant ending to each sentence.

Answers

1 française
2 gardien de but
3 Marseille
4 7h30
5 7h45
6 à la maison
7 s'entraîner
8 3 heures
9 se douche
10 minuit

➕ Students prepare some more sentences with alternative endings (one right, one wrong) for the Fabien Barthez text.

➕ Students write a similar text about another famous person.

135

MODULE 9 EN BONNE FORME

2 Avez-vous la pêche?

(Student's Book pages 122–123)

Main topics and objectives
- Saying what you like/dislike to eat/drink
- Talking about what you eat for each meal
- Understanding information about healthy eating

Grammar
- Revision of direct object pronouns
- The partitive article
  Le, la, les
  Du, de la, de l', des

Key language
Tu aime les abricots/les ananas/le beurre/le bifteck/
les céréales/les cerises/les champignons/le chocolat/
le chou/le chou-fleur/les citrons/la confiture/la crème/
les framboises/les fruits de mer/la moutard/les pâtes/
les petits pois/les poires/le poisson/le porc/le poulet/
le riz/la salade/les saucisses/le vinaigre?
Oui, je l'aime/je l'adore.
Non, je ne l'aime pas/Je le/la déteste.
Pour le (repas) je mange du jambon/de la salade/
des œufs/une saucisse/de la viande/du pain/
un yaourt.
Je bois de du coca/un café/un chocolat chaud/de l'eau.

Resources
Cassette D, side 1
CD 3, track 7
Cahier d'exercices, pages 65–71.
Grammaire 2.1, page 167

1a Qu'est-ce que vous préférez manger?
Copiez et complétez la grille.

Reading. Having copied the grid, students categorise the foods according to their own preferences.

➕ Students use the dictionary to find more foods to add to the grid.

1b Qu'est-ce qu'ils aiment manger? Copiez et complétez la grille.

Listening. (1–10) Having copied the grid, students listen to the recording and write down the food each speaker mentions and what s/he thinks of it.

➕ Students note the French expressions used as well as ☺ 😐 ☹.

Tapescript
1 Les fruits de mer, je n'aime pas ça.
2 Le porc, c'est délicieux.
3 Je n'aime pas les ananas.
4 Les cerises, c'est pas mal.
5 J'adore manger les pâtes, c'est mon plat préféré.
6 Je n'aime pas manger le bifteck car je suis végétarienne.
7 Ce que j'aime manger le plus, c'est le chocolat.
8 Beurk, le chou-fleur me donne mal au cœur quand je le mange.
9 Le poisson, c'est assez bon, mais ce n'est pas ce que je choisirais dans un restaurant.
10 Moi, ce que je n'aime pas du tout, oh, ce sont les champignons.

Answers

1	les fruits de mer	☹	6	le bifteck	☹
2	le porc	☺	7	le chocolat	☺
3	les ananas	☹	8	le chou-fleur	☹
4	les cerises	😐	9	le poisson	😐
5	les pâtes	☺	10	les champignons	☹

1c À deux. Trouvez 6 choses que votre partenaire aime manger.

Speaking. Working in pairs, students ask each other if they like different foods. The aim is to find six things the partner likes. Students should try to answer using Direct Object Pronouns.

2a Lisez les lettres, puis remplissez la grille. Décidez s'ils mangent sainement ou pas.

Reading. Students read the letter and fill in the foods and drinks mentioned by each person. They then conclude whether or not each one eats healthily.

Answers

	Petit déjeuner	Déjeuner	Dîner	Sainement?
Sarah	du pain du beurre de la confiture du café	de la salade des crudités un bifteck du poisson des haricots vert des pommes de terre un yaourt une glace	du potage des pâtes de la salade de l'eau	oui
Thomas	rien du chocolat chaud	un hamburger des frites un coca une glace un gâteau	une pizza des chips	non

EN BONNE FORME

MODULE 9

2b Notez en français ce qu'ils mangent au petit déjeuner. Pour chaque personne, décidez si c'est sain ou pas sain.

Listening. (1–6) Students listen to the recording and note down in French what each speaker has for breakfast. They then decide if the breakfast is healthy or unhealthy. They can write *sain* or *pas sain*, or ✓ or ✗ if preferred.

Tapescript

1 Moi, pour le petit déjeuner, je prends un bol de céréales avec du lait, et je bois un jus d'orange.
2 Je préfère manger quelque chose de rapide: un yaourt et un fruit, par exemple, ou peut-être du pain grillé avec … un peu de beurre.
3 Moi, je ne mange rien au petit déjeuner. Je bois un café avec beaucoup de sucre, et c'est tout.
4 Comme ma mère est d'origine anglaise, on mange le petit déjeuner typiquement anglais à la maison: des œufs, du bacon, des champignons, des saucisses … avec du thé au lait. C'est très bon le matin, et à midi, on ne prend qu'un sandwich.
5 Je préfère manger un croissant avec de la confiture et du beurre le matin. Avec ça, je bois un grand bol de chocolat chaud avec beaucoup de sucre.
6 Je n'ai pas très faim le matin, mais j'essaie de manger quelque chose avant de quitter la maison. Je prends un jus de fruit et du pain avec un peu de beurre au dessus.

Answers

1 bol de céreales, jus d'orange – sain
2 yaourt, fruit, pain grillé, beurre – sain
3 un café sucré – pas sain
4 œufs, bacon, champignons, saucisses, thé au lait – pas sain
5 croissant, confiture, beurre, bol de chocolat chaud avec du sucré – pas sain
6 jus de fruits, pain, beurre – sain

✚ Students write a piece about their meals.

2c Préparez une présentation sur vos repas typiques. Complétez ces phrases pour chaque repas.

Speaking. Students give a short talk about their meal times and what they have for each meal, using the sentence-generating box for help. Emphasise the importance of using the right article, as up until now the foods have been used with *le/la/les*.

3a Identifiez la fonction de chaque sorte de nourriture. Écoutez la cassette pour voir si vous avez raison.

Listening/Reading. (a–f) Students match up the food group with the function. They then listen to the recording and correct their answers according to what they hear.

Tapescript

– Eh bien, le lait, le fromage, le yaourt, ce sont des exemples de produits laitiers, et il nous faut les produits laitiers, parce qu'ils apportent des protéines et des vitamines, bien sûr, et aussi le calcium, ce qui est très important pour les dents et les os.
– Le pain et les céréales donnent des vitamines, des fibres et de l'énergie et il faut en manger. Pour avoir de l'énergie qui dure, le pain et les céréales sont vraiment efficaces.
– Les fruits et les légumes, on le sait, contiennent des fibres et des vitamines, surtout la vitamine C. Il faut en manger quatre ou cinq fois par jour.
– Les produits sucrés, tels que le chocolat, les biscuits, euh … les bonbons, contiennent beaucoup de calories. Ils donnent de l'énergie mais … ça ne dure pas.
– La nourriture grasse, il faut l'éviter autant que possible, parce que le cholestérol là-dedans est très mauvais pour la santé.
– Quant à la viande et au poisson, ces aliments sont une source de protéines et de vitamines, mais il faut faire attention aussi parce qu'ils contiennent beaucoup de matières grasses.

Answers

a 3 b 6 c 2 d 1 e 4 f 6

✚ Students write six sentences saying how often they eat each of the food groups.

3b Donnez 2 exemples en français pour chaque sorte de nourriture.

Writing. Students use their knowledge and the dictionary to find two examples of each of the six food groups in activity 3a.

✚ Students design a poster about healthy eating.

MODULE 9 EN BONNE FORME

3 Ça ne va pas

(Student's Book pages 124–125)

Main topics and objectives
- Talking about common illnesses
- Understanding common remedies
- Visiting the doctor
- Understanding information about First Aid

Grammar
- Expressions with *avoir*
  J'ai chaud ...

Key language

Qu'est-ce qui ne va pas?
Je ne vais pas très bien.
J'ai très chaud/froid/soif.
Je n'ai pas faim.
Je me sens très fatigué(e).
Je suis malade.
J'ai mal au cœur.
J'ai la grippe.
J'ai vomi.
Je suis enrhumé(e).
Je me suis blessé(e) à la jambe.
J'ai mal à la gorge.
Je ne peux pas dormir.
Prenez ces comprimés/pastilles/ce sirop/rendez-vous chez le médecin.
Buvez beaucoup d'eau.
Reposez-vous.

Resources

Cassette D, side 1
CD 3, track 8
Cahier d'exercices, pages 65–71.
Grammaire 3.3, page 169

1a Faites correspondre l'image et le problème.

Reading. (1–10) Students match up speech bubbles with pictures.

Answers

| a 8 | b 9 | c 7 | d 6 | e 5 | f 1 | g 3 | h 10 | i 2 | j 4 |

1b Faites correspondre l'image et le remède.

Reading. (1–6) Students match up remedies with pictures.

Answers

| 1 f | 2 b | 3 e | 4 a | 5 d | 6 c |

1c Écoutez ces conversations à la pharmacie. Choisissez la bonne image et le(s) bon(s) remède(s).

Listening. (1–6) Students listen to the recording and note down the problem and remedy for each speaker.

R Students simply write down the relevant numbers and letters using the pictures from Activity 1b on page 124 of the Student's Book.

Tapescript

1 – Oh là là, **je me suis blessé à la jambe** ce matin en descendant l'escalier. Aïe, ça fait mal. Qu'est-ce que je devrais faire?
– **Reposez-vous un peu au lit**, et **prenez ces comprimés**.
2 – Bonjour, **j'ai mal au cœur** depuis ce matin et ... et ce n'est pas normal.
– Eh bien non, mademoiselle. Vous ... vous avez sûrement mangé quelque chose qui ne vous réussit pas. S'il vous plaît, **buvez beaucoup d'eau** et **reposez-vous au lit**.
3 – Salut, **je me sens très fatigué** tout le temps, même si je me couche de très bonne heure. Qu'est-ce que j'ai?
– Oh, **prenez rendez-vous chez le médecin**, monsieur.

4 – **J'ai vomi** ce matin et plusieurs fois. Et maintenant, **je n'ai pas du tout faim**. Qu'est-ce que vous pouvez me conseiller?
– Je vous conseille de **prendre ce sirop**. Il est très efficace contre le mal de ventre.
5 – **Je suis vraiment enrhumé** depuis deux jours. Je crois que **j'ai la grippe**. La nuit, **j'ai ... très, très chaud** et je ne peux pas dormir.
– Vous devriez vous **reposer au lit. Prenez ces comprimés et ces pastilles** deux fois par jour aussi.
6 – Je ne sais pas ce que j'ai, mais **je me sens vraiment malade. J'ai froid** tout le temps et ce matin **j'ai vomi**.
– Mmm. Pour être sûr, monsieur, il faut **prendre rendez-vous chez le médecin**.

Answers

| 1 h – a, f | 2 d – c, a | 3 g – d | 4 b, i – e |
| 5 a/c, f – a, f, b | 6 e, j, b – a |

+ Students write out a conversation to go with the photo on page 124 of the Student's Book, imagining what they might be saying to each other.

2a Copiez et complétez la conversation chez le médecin.

Reading. Students copy and complete the conversation at the doctor's, using the words at the side to fill in the blanks.

Answers

asseyez-vous, gorge, enrhumé, soif, examiner, sirop, pastilles, lit, jours, revoir

+ Students write out another conversation called 'Chez le médecin' by adapting the one in Activity 2a.

EN BONNE FORME

MODULE 9

2b Copiez et complétez la grille en français.

Listening. (1–4) Having copied the grid, students listen to the recording and write down in French what is wrong with each speaker, and the doctor's opinion.

Tapescript

1 – Bonjour, madame. Comment allez-vous aujourd'hui?
   – Oh, vous savez docteur … j'ai mal aux oreilles et à la gorge depuis une semaine.
   – Aux oreilles et à la gorge … . Vous permettez? … mmm … dites 'ahh' …
   – Ahh.
   – Ah oui, oui, ce n'est pas grave. Je vais vous donner du sirop. Il faut prendre ce sirop trois fois par jour, après les repas. Vous avez compris?
   – Oui, merci docteur.

2 – Ah, monsieur Pinaud. Est-ce que vous allez mieux?
   – Ah non, docteur. J'ai toujours très mal au ventre, et hier soir, j'ai vomi. J'ai mal au cœur ce matin encore une fois. Ça devient pénible.
   – Bon, je vais vous prendre rendez-vous à l'hôpital.

3 – Bonjour, madame.
   – Bonjour, docteur. C'est mon fils. Il s'est blessé à la tête ce matin, en jouant dans le jardin. Maintenant, il a très mal à la tête.
   – Oh mon pauvre … attends … je peux regarder? … Ne pleure pas … ah oui. Madame, je vous donne ces comprimés pour votre fils. Il doit prendre un comprimé toutes les deux heures. D'accord?
   – Un comprimé toutes les deux heures. Merci, docteur.

4 – Ah docteur, bonjour.
   – Bonjour, madame. Qu'est-ce qui ne va pas?
   – J'ai mal au dos depuis deux semaines maintenant.
   – Je peux vous examiner? Vous avez mal au cou aussi?
   – Oui, j'ai, j'ai mal au cou surtout la nuit.
   – Bon, je vous conseille de rester au lit pendant deux ou trois jours, pour voir si ça vous aide. Revenez me voir dans une semaine, s'il vous plaît. Fixez un rendez-vous maintenant avec la réceptionniste.
   – Ok, merci docteur.

Answers

	symptômes	avis du médecin
1	mal aux oreilles et à la gorge	prendre ce sirop
2	mal au ventre, mal au cœur	rendez-vous à l'hôpital
3	mal à la tête	comprimés
4	mal au dos mal au cou	rester au lit

3 Lisez cette affiche puis répondez aux questions en anglais.

Reading. Students answer in English the questions relating to the health and safety poster.

Answers

1 first aid kit
2 first aid
3 alert colleagues
4 17/15/18
5 stay with victim, or evacuate if fire

4 Ça vaut le risque?

(Student's Book pages 124–127)

Main topics and objectives
- Talking about why people smoke, and the disadvantages of smoking
- Understanding information about other addictions

Grammar
- The present tense
- The pronoun – *on*

Key language
Je fume/Je ne fume pas.
Je suis pour/contre le tabac parce que/qu' …
À mon avis/Je pense que/qu' …
si on fume, on a l'air plus adulte.
le tabac sent mauvais.
on risque d'avoir le cancer et des maladies cardiaques.
c'est reposant de fumer une cigarette.
si on s'habitue au tabac, on ne peut pas s'arrêter.
les cigarettes coûtent très cher.
je veux faire la même chose que mes copains.
si j'ai une cigarette à la main, j'ai plus confiance en moi.
l'odeur du tabac cause des problèmes pour les autres.

Resources
Cassette D, side 1
CD 3, track 9
Cahier d'exercices, page 65–71.

1a Lisez les opinions et décidez si ces jeunes sont pour ou contre le tabac.

Reading. (a–i) Students read the opinions and say whether each is in favour of, or against, smoking. They show this by writing *pour* or *contre*.

Answers

a pour	b contre	c contre	d pour	e contre
f contre	g pour	h pour	i contre	

R Students translate the poster at the top of page 126 of the Student's Book into English.

1b À deux. Préparez des réponses à ces questions.

Speaking. In pairs, students prepare their responses using the cue cards provided. For card B, they must give two reasons for their personal opinion. Encourage them to look back at Activity **1a** for help.

1c Écrivez votre réponse à cette question: qu'est-ce que vous pensez du tabac, et pourquoi?

Writing. Students give their opinion in writing about smoking.

2 Décidez si ces jeunes sont pour ou contre la drogue, et pourquoi?

Listening. (1–8) Students listen to the recording and write down whether each speaker is for, or against, drugs. They can also write down the reason in French.

Tapescript
1 *C'est reposant de prendre de la drogue.*
2 *J'ai plus confiance en moi si je prends de la drogue.*
3 *Se droguer, je trouve ça vraiment stupide.*
4 *On risque d'avoir des maladies graves plus tard dans la vie.*
5 *Mes copains se droguent, donc moi, je me drogue aussi, parce que c'est cool.*
6 *Si on s'habitue à la drogue, on ne peut pas s'arrêter.*
7 *La drogue coûte très cher, et c'est de l'argent jeté par la fenêtre.*
8 *Je n'ai pas besoin de drogue pour m'amuser; je m'amuse sans drogue.*

Answers

1 Pour – reposant	2 Pour – confiance en soi
3 Contre – stupide	4 Contre – maladies	5 Pour – mes copains se drogue	6 Contre – on ne peut pas s'arrêter
7 Contre – coûte cher	8 Contre – pas besoin de drogue pour s'amuser

+ Students write their opinion in French about drugs, giving reasons.

3a Lisez l'article. Qui pense que …?

Reading. (1–6) Having read the four paragraphs, students identify whose opinion coincides with each of the statements.

Answers

1 Marie-Jo	2 Daniel	3 Ludo	4 Manon	5 Ludo
6 Manon				

+ Students write a paragraph saying what they consider to be the greatest risk to health in the twenty-first century, and why.

3b Écoutez ces publicités. Elles sont de la part de quelle organisation?

Listening. (1–4) Students listen to the recording and link one of the four organisational logos with each extract.

EN BONNE FORME MODULE 9

Tapescript

1 – Allez, juste un petit verre de vin avant de partir …
– C'est gentil, mais j'ai la voiture et je ne bois rien quand je conduis ma voiture.
– Un tout petit peu de vin rouge, ça ne peut pas vous causer de problème …
– Vraiment, non merci. Un jus de fruit, peut-être?
– Mais écoutez, moi, j'ai bu six verres de vin ce soir, et regardez comment je suis.
– Oui, exactement. Je vous laisse. Merci de votre hospitalité …

2 – Ah, quelle jolie photo! C'est votre fille? Quel âge a-t-elle? Elle va à quel collège?
– C'était ma fille. Elle avait 15 ans. Elle allait au collège dans notre village.
– Elle avait 15 ans? Elle allait à notre collège local? Mais … ?
– Oui, elle est morte il y a sept mois et quatre jours. Elle allait aussi en boîte … et elle se droguait. Elle croyait ça cool … mais plus maintenant.
– SURVEILLEZ VOS ENFANTS, QU'ILS NE VIVENT PAS LEUR VIE À L'IMPARFAIT.

3 – Tu as de beaux yeux, tu sais …
– Merci.
– J'adore tes cheveux longs …
– C'est gentil.
– Ta bouche est belle …
– Je te remercie.
– Et tes mains sont des mains de princesse …
– Mm … euh … oui, merci beaucoup …
– Est-ce que tu veux sortir en boîte avec moi ce soir?
– Non merci, les doigts marron, les dents jaunes, la bouche qui pue et une gorge comme un homme de 65 ans, curieusement, ça ne me plaît pas. Et en plus, l'odeur me donne mal au cœur.

4 – Tu n'as pas faim? Tu n'as pas envie de manger? Ou tu as envie de manger trop? Tu te trouves trop mince? Tu te trouves trop grosse? On est là pour toi, n'hésite pas à nous contacter numéro vert 0800 81 68 16.

Answers

| 1 d | 2 a | 3 c | 4 b |

3c Dessinez un poster anti-alcool ou anti-drogue.

Writing. Students design their own anti-smoking or anti-drug poster.

MODULE 9 *Entraînez-vous*

(Student's Book pages 128–129)

Speaking practice and coursework

À l'oral

Topics revised
- Going to the doctor's
- Talking about your daily routine
- Talking about fitness

1 You are at the doctor's in France

2 You are talking to your penfriend about your daily routine.

Role-play. Ask students to work in pairs. They can take it in turns to be the 'teacher', doing each role-play twice.

3 Talk for 1 minute about your daily routine. Make yourself a cue card.

Presentation. Students are to give a short talk about their daily routine.

This can be:
- prepared in the classroom or at home;
- it can be recorded on tape;
- students can give their talk to a small group of other students; or
- certain students can be chosen to give their talk to the whole class.

The main thing is that students become used to speaking from notes, not reading a speech.

R Students do the talk in the Present tense only, missing out the last prompt.

+ Go through the Perfect tense of common reflexives before they tackle the last prompt.

The main thing is that students become used to speaking from notes, not reading a speech.

Questions générales

Speaking. These are key questions to practise for the oral exam, taken from the module as a whole. Students can practise asking and answering the questions in pairs. They should be encouraged to add as much detail as possible. It is often a good idea to write model answers together in class.

À l'écrit

Topics revised
- Meals and eating habits
- Activities
- Smoking, alcohol and drugs
- Plans for the future
- *Tu* and *vous*

1 Produce a simple fitness plan for yourself over a week. Here is a suggested plan for Monday: Continue the plan for the next 6 days. Add in extra details if you want

Writing. Go through the content of the example given on page 129 of the Student's Book, so that students see the different aspects they can include. Remind them that the meals they describe must be healthy ones! For an easier task, students can prepare a healthy menu consisting of single words, and an activity diary – again consisting of single word entries.

2 Write a conversation with a famous sportsman/woman about fitness.

Writing. Encourage your students to use their imagination but to keep to the language they have been practising both in this chapter and previously in the book.

MODULE 9 EN BONNE FORME

À toi!

(Student's Book pages 162–163)

Self-access reading and writing at two levels.

1a Quels ingrédients sont nécessaires? Notez les bonnes lettres.

Reading. Having read the recipe, students pick out the ten ingredients needed, and write down the appropriate letters.

Answers

r, n, m, a, h, j, b, l, f, c

1b Mettez les images dans le bon ordre.

Reading. Again referring to the recipe, students put the photos in the right order, one for each numbered stage of the recipe.

Answers

1 c   2 d   3 c   4 g   5 b   6 h   7 a   8 e   9 f

3 Vous faites votre stage en France. Mais vous n'allez pas très bien et devez rentrer à l'hôtel. Écrivez un message en français pour la patronne, Madame Genet. Il faut mentionner …

Writing. Students must follow the prompts and write a message in French. Encourage your students to read the situation thoroughly so they know what they have to do.

R Give your students a framework with the missing details.

For example: *Je suis allé à …*
Je ne vais pas bien.
J'ai mal au/à la … et au/à la … .
Contactez-moi … .
Je vais retourner au travail …

4 Répondez en français à cet article. Il faut répondre à toutes les questions.

Writing. Students write an article in which they answer questions about their fitness. Go through the questions with your students and get them to identify 'tense traps'.

R Together, produce some possible sentence beginnings that set the pattern for the correct choice of verb tense.

EN BONNE FORME

MODULE 9

Cahier d'exercices, page 65

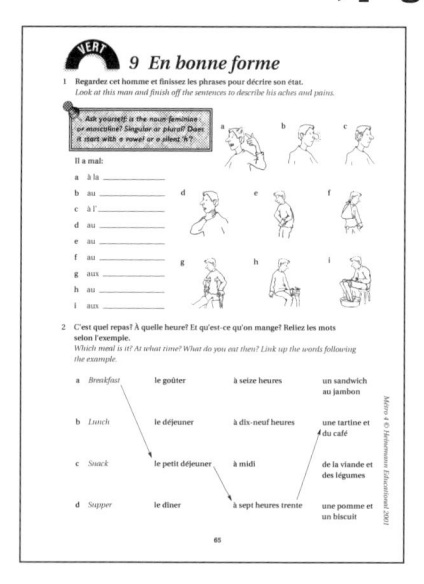

1
Answers

a tête b nez c oreille d cou e ventre f bras g jambes h genou i pieds

2
Answers

a	*Breakfast*	→ le petit déjeuner	→ à sept heures trente	→ une tartine et du café
b	*Lunch*	→ le déjeuner	→ à midi	→ un sandwich au jambon
c	*Snack*	→ le goûter	→ à seize heures	→ une pomme et un biscuit
d	*Supper*	→ le dîner	→ à dix-neuf heures	→ de la viande et des légumes

Cahier d'exercices, page 66

3
Answers

a Monday/headache/10.45 a.m.
b Friday/stomachache/10.40 a.m.
c Thursday/sprained knee/2.50 p.m.
d Wednesday 12th(tomorrow)/toothache(baby)/4.00 p.m.

4
Answers

Bonjour. J'ai mal à l'oreille. Je voudrais un rendez-vous s'il vous plaît.
Oui, mardi à 16 heures, ça vous va?
Oui, très bien, merci.

Cahier d'exercices, page 67

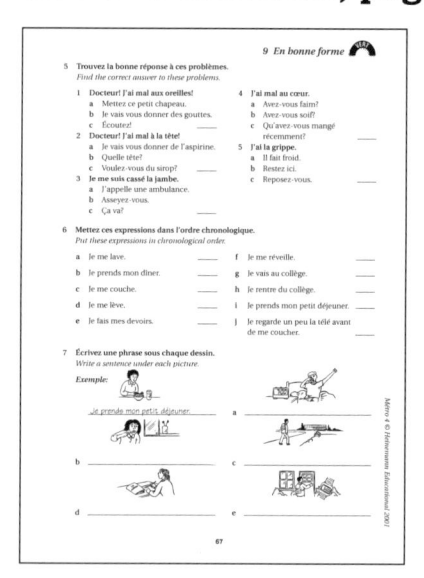

5
Answers

1 b 2 a 3 a 4 c 5 c

6
Answers

a 4/3 b 8 c 10 d 2 e 7 f 1 g 5 h 6 i 3/4 j 9

7
Answers

a Je me réveille à sept heures.
b Je me brosse les dents.
c Je vais au collège à pied.
d Je fais mes devoirs.
e Je rentre du collège à cinq heures.

EN BONNE FORME

MODULE 9

Cahier d'exercices, page 68

8
Answers

a Normalement b puis c de … à d mais

9
Answers

Bon: le lait, les pommes, les céréales, l'eau.
Mauvais: le chocolat, 5 kg de saucisses, la crème, l'alcool, les biscuits, les bonbons, le tabac.

10
Answers

a du coca b du lait c des œufs d des cigarettes

Cahier d'exercices, page 69

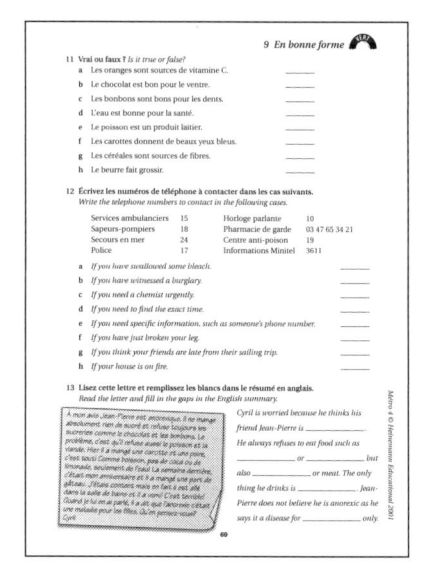

11
Answers

a V b F c F d V e F f F g V h V

12
Answers

a 19 b 17 c 03 47 65 34 21 d 10 e 3611 f 15 g 24 h 18

13
Answers

anorexic   chocolate   sweets   fish   water   girls

Cahier d'exercices, page 70

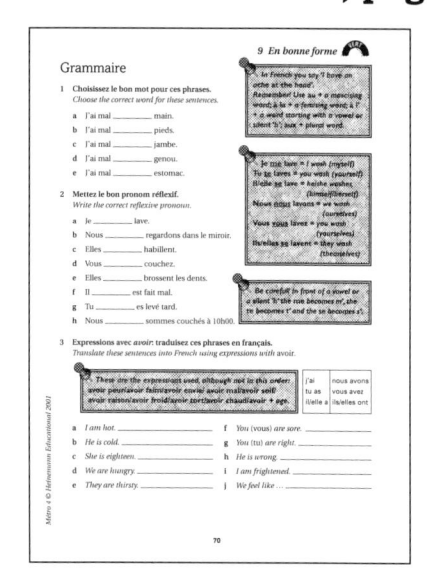

1
Answers

a à la b aux c à la d au e à l'

2
Answers

a me b nous c s' d vous e se f s' g t' h nous

3
Answers

a J'ai chaud.
b Il a froid.
c Elle a dix-huit ans.
d Nous avons faim.
e Ils/elles ont soif.
f Vous avez mal.
g Tu as raison.
h Il a tort.
i J'ai peur.
j Nous avons envie de …

145

EN BONNE FORME • • • • • • • • • • • • • • • • **MODULE 9**

Cahier d'exercices, page 71

À l'oral

1. Comment ça va aujourd'hui?
2. À quelle heure t'es tu levé(e) aujourd'hui?
3. À quelle heure te lèves-tu normalement?
4. À quelle heure prends-tu le petit déjeuner?
5. Qu'est-ce que tu manges normalement?
6. Où manges-tu à midi?
7. Quel est ton repas préféré?
8. Qu'est-ce que tu n'aimes pas manger?
9. Est-ce que tu penses que la nourriture de la cantine est bonne pour la santé?
10. Qu'est-ce que tu fais pour garder la forme?
11. À quelle heure rentres-tu du collège normalement?
12. À quelle heure te couches-tu normalement? Et ce soir, à quelle heure vas-tu te coucher?

Module 10: Le transport

(Student's Book pages 132–145)

Unit	Main topics and objectives	Grammar	Key language
Déjà vu (pp. 132–135)	Saying how you get to school Understanding methods of transport Giving directions Key functions for role play situations Understanding exam rubrics	Revision of *à* + name of town/country Asking questions The imperative	*Comment est-ce que tu vas au collège?* *Je vais (au collège) (en autobus).* *Pour aller (au commissariat), s'il vous plaît?* *Tournez à (droite). Allez tout droit.* *Prenez la (première) rue à (gauche).* *Je voudrais (une glace).* *Avez-vous (des maillots de bain)?* *Est-ce qu'il y a (un bus pour le stade)?* *Où est (le stade)?* *Est-ce qu'il faut (réserver)?* *(Le film finit) à quelle heure?* *(Un billet), c'est combien?* *Choisissez la bonne réponse.* *Cochez.* *Écrivez la bonne lettre.* *Faites correspondre …* *Lisez le texte.* *Mettez … dans le bon ordre.* *Remplissez la grille.* *Répondez aux questions.*
1 Pardon, madame … (pp. 136–137)	Giving more complex directions Saying how far a place is, and how best to get there	The Imperative *Y*	*Montez la rue jusqu'aux feux/au carrefour.* *Traversez le pont.* *Au rond-point …* *Allez tout droite.* *Tournez à (droite).* *Prenez la (deuxième) rue.* *C'est (en face de vous).* *(La station gare du Nord), c'est près d'ici?* *C'est à … kilomètres d'ici.* *Pour y aller, s'il vous plaît?* *Prenez (le train).* *et descendez à la …/au stade*
2 À la gare SNCF (pp. 138–139)	Buying train tickets Finding out about departure / arrival times Understanding a timetable	*Pour* + inf. Which or what *quel, quels, quelle, quelles*	*Je peux vous aider?* *Je voudrais (un billet) s'il vous plaît.* *En quelle classe?* *En (première) classe.* *Dans le compartiment (fumeur).* *C'est combien? Ça fait …* *Le prochain train (part) à quelle heure? À … heures.* *Quel est le numéro du quai?*
3 Trop de voitures? (pp. 140–141)	Understanding information about road accidents Talking about problems caused by traffic	The imperfect tense Revision of *Y – il y a/il n'y a pas de*	*Quel est le problème de transport le plus grave dans votre ville/village?* *À mon avis/Je pense qu' …* *… personnes pensent que/qu' …* *il y a/il n'y a pas …* *peu de/d'/trop de/d'/assez de/beaucoup de/d'…* *circulation/embouteillages/pollution/transports en commun/zones piétonnes/pistes cyclables.* *Les embouteillages …* *Le stationnement* *La fumée et la pollution* *Le bruit*

147

LE TRANSPORT — MODULE 10

Unit	Main topics and objectives	Grammar	Key language
Entraînez-vous (pp. 142–143)	Speaking practice and coursework	Revision of: The imperative Asking questions Adjectives Past, present and future tenses	
À toi! (pp. 164–165)	Self-access reading and writing Understanding signs and notices about transport Giving directions Giving details about a forthcoming visit to France	*Y* The pronoun – *on* Asking questions The imperative Past, present and future tenses *Pour* + inf. *À/au/à l'/aux*	

Module 10 — *Déjà vu*
LE TRANSPORT
(Student's Book pages 132–135)

Main topics and objectives
- Saying how you get to school
- Understanding methods of transport
- Giving directions
- Key functions for role-play situations
- Understanding exam rubrics

Grammar
- Revision of
  à + le = au
  à + les = aux
  to + name of town = *à*
  to + name of country = *en/au/aux*

Key language
Comment est-ce que tu vas au collège?
*Je vais au collège/au cinéma/à la piscine/au marché/
au magasin/à Londres/en France/en Espagne …
en autobus/en car/en métro/à vélo/à pied/en auto/
en voiture/en taxi/en train/en avion/en bateau.
Pour aller au commissariat/à l'hôpital/au syndicat
d'initiative/au parc/au stade/au restaurant, s'il vous
plaît?
Tournez à droite/gauche. Allez tout droit.
Prenez la première/deuxième rue à droite/gauche.
Je voudrais une glace/un billet pour 'Titanic'/
être coiffeur.
Avez-vous des maillots de bain/une table pour deux
personnes/un livre?
Est-ce qu'il y a un bus pour le stade/des toilettes/
une réduction pour les étudiants?
Où est le stade/mon stylo/le prof?
Est-ce qu'il faut réserver/payer un supplément/
parler français?
Le film finit/le train arrive/tu te lèves à quelle heure?
Un billet/une nuit/un plan de la ville, c'est combien?
Choisissez la bonne réponse.
Cochez.
Écrivez la bonne lettre.
Faites correspondre …
Lisez le texte.
Mettez … dans le bon ordre.
Remplissez la grille.
Répondez aux questions.*

Resources
Cassette D, side 2
CD 3, track 10/11
Please note: Unité 1 title is wrongly placed ahead of 2b.
Cahier d'exercices, pages 72–79

Suggestion

Use the photos on p132 to recap the methods of transport.

1a *Écrivez en français.*

Writing. Students write the sentences in French.

Answers

1 Je vais au collège en autobus/car.
2 Je vais au cinéma en métro.
3 Je vais à la piscine à vèlo.
4 Je vais au marché à pied.
5 Je vais au magasin en auto/voiture.
6 Je vais à Londres en train.
7 Je vais en France en avion.
8 Je vais en Espagne en bateau.

1b *Copiez et complétez la grille en français.*

Listening. (1–6) Having copied the grid, students listen to the recording and fill in the relevant information in French.

Tapescript

1 *Comment est-ce qu'on peut se déplacer en ville?*
En autobus.
Le trajet dure combien de temps?
Euh … quinze minutes.
2 *Comment est-ce qu'on peut se déplacer en ville?*
En métro.
Le trajet dure combien de temps?
Il dure vingt minutes.
3 *Comment est-ce qu'on peut se déplacer en ville?*
À pied.
Le trajet dure combien de temps?
Oh, 5 minutes au maximum.
4 *Comment est-ce qu'on peut se déplacer en ville?*
Il faut prendre un taxi.
Le trajet dure combien de temps?
Euh … trente minutes.
5 *Comment est-ce qu'on peut se déplacer en ville?*
On peut y aller à vélo.
Le trajet dure combien de temps?
Dix minutes environ.
6 *Comment est-ce qu'on peut se déplacer en ville?*
On peut se deplacer en auto.
Et le trajet dure combien de temps?
Le trajet dure vingt-cinq minutes.

Answers

1 en autobus, 15 minutes
2 en métro, 20 minutes
3 à pied, 5 minutes
4 prendre un taxi, 30 minutes
5 à velo, 10 minutes
6 en auto, 25 minutes

1c *À deux. Posez les questions et répondez en français.*

149

LE TRANSPORT

MODULE 10

Speaking. In pairs, students take turns to ask and answer the questions given for their own self.

Suggestion

Copy the diagrams a–f from p.133 on to an OHT or the board and use them to recap directions.

2a C'est quelle direction?

Reading. (a–f) Students match up the pictures with the phrases from the Key vocabulary box.

Answers

a aller tout droit **b** tournez à droite **c** prenez la deuxième rue à gauche **d** tournez à gauche **e** prenez la première rue à gauche **f** prenez la troisième rue à droite

2b Regardez la plan, et notez si les directions sont correctes (✓) ou fausses (✗).

Listening. (1–7) Students listen to the recording and work out if the directions given are correct or not according to the plan. They show this by a ✓ or a ✗.

Tapescript

1. – Pour aller à l'hôpital, s'il vous plaît?
   – Prenez la troisième rue à gauche.
2. – Pour aller au restaurant, s'il vous plaît?
   – Prenez la première rue à droite.
3. – Pour aller à la piscine, s'il vous plaît?
   – Prenez la deuxième rue à gauche.
4. – Pour aller au commissariat, s'il vous plaît?
   – Allez tout droit.
5. – Pour aller au syndicat d'initiative, s'il vous plaît?
   – Prenez la troisième rue à droite.
6. – Pour aller au stade, s'il vous plaît?
   – Prenez la deuxième rue à gauche.
7. – Pour aller au parc, s'il vous plaît?
   – Allez tout droit.

Answers

1 ✓ 2 ✓ 3 ✗ 4 ✓ 5 ✗ 6 ✗ 7 ✗

2c À deux. Posez une question et écoutez la réponse de votre partenaire. Dites si la réponse est vraie ou fausse.

Speaking. In pairs, students use the map in Activity 2b to ask and answer questions, as in the example on page 133 of the Student's Book. The person giving the directions may give false directions. The first partner then says whether the directions are correct or not.

3a 1–8 Faites correspondre les expressions.

Reading. Students match each English expression with the French equivalent from the Key language box.

Answers

1 Où est …? 2 … à quelle heure? 3 Est-ce qu'il faut …? 4 Je voudrais … 5 Est-ce qu'on peut …? 6 Avez-vous …? 7 Est-ce qu'il y a …? 8 …, c'est combien?

3b Trouvez la bonne réponse à chaque question.

Listening. (1–8) Students listen to the questions on the recording and write down the letter of the speech bubble which is a logical answer.

Tapescript

1. Où est le syndicat d'initiative, s'il vous plaît?
2. Est-ce qu'il faut réserver une table pour ce soir?
3. Le concert commence à quelle heure?
4. Ce pullover, c'est combien?
5. Est-ce qu'il y a une banque?
6. Avez-vous mon cahier, madame?
7. Est-ce qu'on peut jouer au tennis ici?

Answers

1 e 2 g 3 a 4 d 5 h 6 c 7 f

4 Faites correspondre les instructions anglaises et français.

Reading. Students match each English exam rubric with the French equivalent from the Key language box.

Answers

1 Remplissez la grille 2 Lisez le texte 3 Répondez aux questions 4 Mettez … dans le bon ordre 5 Choissisez la bonne réponse 6 Faites correspondre … 7 Cochez … 8 Écrivez la bonne lettre

5 Formez des phrases. Les mots qui manquent sont ci-dessous.

Speaking. Students use the key phrases from Activity 3a to generate a range of sentences. Working in pairs they take turns to make full sentences.

Answers

1 a Est-ce qu'il y a une gare routière? b … des toilettes? c … une réduction pour les étudiants 2 d Où est le stade? e … mon stylo? f … le prof? 3 g Est-ce qu'on peut manger du chewing gum? h … avoir un nouveau cahier? i … prendre le bus? 4 j Je voudrais une glace. k … un billet pour 'Titanic'. l … être coiffeur.	5 m Avez vous des maillots de bain? n … une table pour deux personnes? o … un livre? 6 p Est-ce qu'il faut réserver? q … payer un supplement? r … parler français? 7 s Un billet, c'est combien? t Une nuit, …? u Un plan de la ville, …? 8 v Le film finit à quelle heure? w Le train arrive …? x Tu te lèves …?

MODULE 10 — LE TRANSPORT

1 Pardon, madame ...

(Student's Book pages 136–137)

Main topics and objectives

- Giving more complex directions
- Saying how far a place is, and how best to get there

Grammar

- The Imperative
- The pronoun *y*
  Pour y aller, s'il vous plaît?

Key language

Montez la rue jusqu'aux feux/au carrefour
Traversez le pont
Au rond-point
Allez tout droite
Tournez à droite/à gauche
Prenez la première/deuxième rue
C'est en face de vous/juste après la deuxième rue/ au coin
La station gare du Nord/l'auberge de jeunesse/ le stade/la plage/l'hôtel Gambette, c'est près d'ici?
C'est à ... kilomètres d'ici.
Pour y aller, s'il vous plaît?
Prenez le train/le car numéro 15/le taxi et descendez à la .../au stade

Resources

Cassette D, side 2
CD 3, track 11 (contd.)
Cahier d'exercices, pages 72–79
Grammaire 3.9, page 172 and 7.3, page 177

Suggestion

Using the plan on page 136 of the Student's Book, go through the symbols for the places to remind students what they mean.

1a Lisez les directions et notez la destination.

Reading. (a–e) Using the map, students follow the directions given and note down in French the place on the plan they reach. Point out to them where they start.

Answers

| a le syndicat d'initiative | b le camping |
| c le supermarché | d la piscine | e la banque |

1b Trouvez le français pour:

Reading. Students find the French equivalent of these key phrases in the text of Activity 1a.

Answers

go up the road	=	montez la rue
to the lights	=	jusqu'aux feux
cross the bridge	=	traversez le pont
to the crossroads	=	jusqu'au carrefour
it's at the corner	=	c'est au coin
at the roundabout	=	au rond-point

1c Écoutez ces directions. On va où?

Listening. (1–5) Using the same plan as Activity 1a, students listen to the recording and follow the directions. They write down in French where they end up.

Tapescript

1 *Allez tout droit, et passez les feux. Continuez tout droit, et c'est un peu plus loin, à votre droite.*
2 *Tournez à gauche, et puis prenez la deuxième rue à droite. Allez tout droit jusqu'au rond-point. Au rond-point, tournez à gauche. C'est après le rond-point, à droite.*
3 *Tournez à droite, puis aux feux, tournez à gauche. Montez la rue, et c'est à votre gauche, juste avant le pont.*
4 *Ah, c'est très facile parce que c'est tout près. Tournez à gauche, puis montez la première rue à droite, et c'est directement en face de vous.*
5 *Allez tout droit jusqu'aux feux rouges, puis tournez à gauche. Prenez la prochaine rue à droite. C'est à votre droite, avant le rond-point.*

Answers

| 1 au commissariat | 2 à la gare | 3 au château |
| 4 à la piscine | 5 à la pharmacie |

➕ Students write out in French the directions needed to get to the destinations.

1d À deux. Vous êtes ici (X). Donnez des directions à votre partenaire. Où allez-vous?

Speaking. In pairs, students take it in turns to give directions, using the same town plan as Activity 1a. The partner follows the directions and works out where s/he ends up.

2a Écoutez et lisez les conversations. Pour chaque conversation, notez les détails qui manquent.

Listening. (1–4) Students listen to the recording, and write down the relevant information in French for each of the four conversations.

Tapescript

1 Tour: *Pardon, madame. La cathédrale, c'est près d'ici?*
   Pass: *Ah non, c'est assez loin. C'est à 3 kilomètres d'ici.*
   Tour: *Pour y aller, s'il vous plaît?*
   Pass: *Prenez le métro, et descendez au terminus.*
   Tour: *Le trajet dure combien de temps?*
   Pass: *Eh bien, 5 minutes environ.*
   Tour: *Merci, madame. Au revoir.*
   Pass: *Au revoir.*

151

LE TRANSPORT

MODULE 10

2 Tour: *Pardon, monsieur. Le musée, c'est près d'ici?*
   Pass: *Ah non, c'est assez loin. C'est à 8 kilomètres d'ici.*
   Tour: *Pour y aller, s'il vous plaît?*
   Pass: *Alors, euh, vous prenez le bus ligne 5, et vous descendez à la place du marché.*
   Tour: *Et le trajet dure combien de temps?*
   Pass: *Oh, 20 minutes environ.*
   Tour: *Merci beaucoup, monsieur. Au revoir.*

3 Tour: *Pardon, monsieur. La plage, c'est près d'ici?*
   Pass: *Ah non, c'est assez loin. C'est à 16 kilomètres d'ici.*
   Tour: *Et pour y aller, s'il vous plaît?*
   Pass: *Prenez le bus numéro 120, et descendez à la plage.*
   Tour: *Le trajet dure combien de temps?*
   Pass: *Oh bien, 25 minutes environ.*
   Tour: *Merci, monsieur. Au revoir.*

4 Tour: *Pardon, madame. La gare routière, c'est près d'ici?*
   Pass: *Euh non, c'est assez loin. C'est à 5 kilomètres d'ici.*
   Tour: *Pour y aller, s'il vous plaît?*
   Pass: *Prenez l'autobus, ligne 8, et descendez au cinéma.*
   Tour: *Le trajet dure combien de temps?*
   Pass: *Eh bien, un quart d'heure environ.*
   Tour: *Merci, merci madame. Au revoir.*

Answers

1	2	3	4
a La cathédrale	**a** Le musée	**a** La plage	**a** La gare routière
b 3 km.	**b** 8 km.	**b** 16 km.	**b** 5 km.
c le métro	**c** le bus, ligne 5	**c** le bus numéro 120	**c** l'autobus, ligne 8
d au terminus	**d** place du marché	**d** à la plage	**d** au cinéma
e cinq minutes	**e** 20 minutes	**e** 25 minutes	**e** un quart d'heure

2b À deux. Répétez les conversations.
Utilisez les détails suivants:

Speaking. In pairs, students read the conversation from Activity 2a four times through, using the four different sets of information given to fill in the gaps.

➕ Students write out the four conversations in French.

➕ Students invent three more sets of details and use them to create three more conversations.

3 Écrivez ces directions en français.

Writing. Students write out directions in French for the three journeys given. For the third task, they can write the directions and then get their partner to read them and work out the mystery destination. Alternatively, you could ask students to read their directions to the class, and you all try to work out the mystery destination.

2 À la gare SCNF

(Student's Book pages 138–139)

Main topics and objectives
- Buying train tickets
- Finding out about departure/arrival times
- Understanding a timetable

Grammar
- *Pour* + inf.
  Pour attendre le train
- Which or what
  Quel, quels, quelle, quelles

Key language
Je peux vous aider?
Je voudrais un billet/aller-simple/aller-retour pour (Calais) s'il vous plaît.
En quelle classe?
En première/deuxième classe.
Dans le compartiment fumeur/non-fumeur.
C'est combien? Ça fait …
Le prochain train part/arrive à quelle heure?
À … heures.
Quel est le numéro du quai?

Resources
Cassette D, side 2
CD 3, track 12
Cahier d'exercices, pages 72–79
Grammaire 3.1, page 168 and 4.3, page 173

1a Où est-ce qu'on va …?

Reading. (a–j) Students match each question with one of the station signs.

Answers

a salle d'attente
b sortie de secours
c objets trouvés
d réservations
e consigne automatique
f buffet
g entrée
h quais
i guichet
j bagages

➕ Students draw a plan of a station, similar to the one on page 136 of the Student's Book, including the places shown in Activity 1a, page 138.

➕ Students write out six sets of directions leading to different places from the entrance. They then give them to a partner to work out the destinations.

1b Écoutez et notez en français.

Listening. (1–6) Students listen to the recording and write down in French:

a the place in the station which each speaker is looking for;

b the location given.

They should use the signs in Activity 1a for help in writing their answer.

Tapescript

1 – Pardon, où est le guichet, s'il vous plaît?
  – Le guichet? C'est en face des toilettes.
2 – Où est la consigne, s'il vous plaît?
  – Il y a une consigne automatique là-bas, près de la sortie de secours.
3 – Est-ce qu'il y a un buffet?
  – Mais oui, le buffet se trouve en face du quai numéro 5.
4 – Où est le bureau des objets trouvés?
  – C'est à côté du bar, madame.
  – À côté du bar?
  – Oui, c'est ça.
5 – Est-ce qu'il y a une salle d'attente dans la gare, s'il vous plaît?
  – Oui, vous voyez, c'est là-bas, près de la grande porte.
6 – Où se trouve le bureau des réservations, s'il vous plaît?
  – Allez tout droit, puis c'est à votre gauche.

Answers

1 a le guichet	**b** en face des toilettes
2 a la consigne	**b** près de la sortie de secours
3 a un buffet	**b** en face du quai 5
4 a le bureau des objets trouvés	**b** à côté du bar
5 a la salle d'attente	**b** près de la grande porte
6 a le bureau des réservations	**b** tout droit, à gauche

2a Complétez la conversation au guichet. Choisissez les mots dans la case.

Reading. (a–i) Students can copy out the conversation or use the letters in the gaps. They fill in the gaps using the words given. Draw their attention to the Top Tip box which reminds them to check they know the meaning of the words they are going to choose from before they start to try to fill in the gaps.

Answers

a aller–retour	**b** Calais	**c** deuxième
d non-fumeur	**e** €35	**f** trente minutes
g 13h20	**h** 15h40	**i** quatre

2b Écoutez la conversation pour voir si vous avez raison.

Listening. Students now listen to the conversation from Activity 2a, and check their answers.

LE TRANSPORT

MODULE 10

Tapescript

Empl: Bonjour, je peux vous aider?
Voy: Je voudrais un aller–retour pour Calais, s'il vous plaît.
Empl: Bien sûr, en quelle classe?
Voy: En deuxième classe, s'il vous plaît, et dans le compartiment non-fumeur. C'est combien?
Empl: Voilà, ça fait €35, s'il vous plaît.
Voy: Le prochain train part à quelle heure?
Empl: Il y a un train toutes les trente minutes. Le prochain train part à 13h20.
Voy: Merci, et il arrive à quelle heure?
Empl: Il arrive à 15h40.
Voy: Et quel est le numéro du quai?
Empl: C'est le quai numéro 4.

3a À deux. Faites deux autres dialogues en changeant les détails.

Speaking. Using the French conversation given and the timetable extract, students work in pairs and develop conversations similar to the one in Activity 2a.

R Go through the timetable so that students can read it and see how it works. Practise some questions with the whole class before they work in pairs. You might want to provide the key utterances on the board.

+ Students write out three example conversations.

3b Copiez et complétez la grille.

Listening. (1–6) Having copied the headings, students listen to the recording and fill in the relevant information in French. They tick ✓ or cross ✗ the *Fumeur?* column.

Tapescript

1 – Bonjour, mademoiselle. Un aller–retour pour Paris, en deuxième classe, s'il vous plaît, non-fumeur.
– Voilà.
– Merci. Le prochain train part à quelle heure?
– À 7h30.
– Bien. Et il arrive à Paris à quelle heure?
– Il arrive à Paris à 11h43.
– Merci. Le train part de quel quai?
– Du quai numéro 6, monsieur.

2 – Bonjour, mademoiselle. Je voudrais un aller simple pour Lyon, s'il vous plaît.
– En première ou en deuxième classe?
– En première classe, fumeur, s'il vous plaît.
– Voilà, monsieur. Le prochain train part à 9h03 et arrive à Lyon à 15h15. Il part du quai numéro 13.
– Merci beaucoup mademoiselle.

3 – Il y a un train pour Bordeaux à quelle heure, s'il vous plaît?
– Le prochain train pour Bordeaux ... un moment ... Bordeaux ... il y en a un qui part à 14h10, et qui arrive à Bordeaux à 17h00.
– D'accord, je voudrais un aller–retour en deuxième classe dans le compartiment non-fumeur, s'il vous plaît. Le train part de quel quai?

– C'est le quai numéro 3 pour Bordeaux.

4 – Bonjour mademoiselle. Donnez-moi un aller simple pour Calais, s'il vous plaît.
– Oui ... euh, voulez-vous le compartiment non-fumeur?
– Mais oui, bien sûr, deuxième classe, non-fumeur s'il vous plaît. Le prochain train part à quelle heure?
– Le prochain train part à 18h33.
– À quelle heure est-ce qu'il arrive à Calais?
– Euh ... ce train arrive à Calais à 21h46.
– Merci beaucoup. C'est bien le quai numéro 6 pour Calais?
– Oui, oui, oui, oui, c'est ça, c'est juste, c'est le quai numéro 6.

5 – Un aller simple pour Bruxelles, s'il vous plaît, en première classe, non-fumeur.
– Ah, vous allez en Belgique, quelle chance ... j'aime bien Bruxelles, c'est une belle ville.
– Le prochain train part à quelle heure?
– Il y a un train qui part à ... 20h20. Il arrive à ... Bruxelles à 21h37.
– Le train part de quel quai?
– Le train part du quai numéro 16. Bon voyage!
– Merci.

6 – Je voudrais un aller–retour pour Londres, s'il vous plaît.
– En première classe ou en deuxième classe, madame?
– En deuxième classe, s'il vous plaît, dans le compartiment fumeur. Le prochain train part à quelle heure?
– Il y a un train pour Londres à 22h45. Il arrive à Londres demain, à 6h12.
– Merci. C'est quel quai pour ce train?
– C'est le quai numéro 12, en face de nous.

Answers

	Destination	Sorte de billet	Classe
1	Paris	aller–retour	2ème
2	Lyon	aller–simple	1ère
3	Bordeaux	aller–retour	2ème
4	Calais	aller–simple	2ème
5	Bruxelles	aller–simple	1ère
6	Londres	aller–retour	2ème

	Fumeur?	Départ	Arrivée	Quai
1	✗	7h30	11h43	6
2	✓	9h03	15h15	13
3	✗	14h10	17h00	3
4	✗	18h33	21h46	6
5	✗	20h20	21h37	16
6	✓	22h45	6h12	12

4 Regardez l'horaire, et décidez si les phrases sont vraies ou fausses.

Reading. Students read the timetable and look at the statements. They decide if each statement is true or false.

R Again, ensure students understand how the timetable works before they attempt the exercise.

Answers

| 1 V | 2 V | 3 V | 4 F | 5 V | 6 V |

154

MODULE 10 — 3 Trop de voitures?

(Student's Book pages 140–141)

Main topics and objectives

- Understanding information about road accidents
- Talking about problems caused by traffic

Grammar

- The imperfect

Key language

Quel est le problème de transport le plus grave dans votre ville/village?
À mon avis/Je pense qu'…
… personnes pensent que/qu'…
il y a/il n'y a pas …
peu de/d'/trop de/d'/assez de/beaucoup de/d'…
circulation/embouteillages/pollution/transports en commun/zones piétonnes/pistes cyclables.
Les embouteillages bloquent les rues.
Le stationnement est devenu presque impossible.
La fumée et la pollution causent des maladies.
Le bruit constant des moteurs ruine la tranquillité de nos parcs.

Resources

Cassette D, side 2
CD 3, track 13
Cahier d'exercices, pages 72–79

Suggestion

Read the newspaper article through as a class before asking students to do Activity 1a.

1a Trouvez l'expression soulignée qui correspond à ces définitions.

Reading. (a–f) Having read the newspaper article, students find the French expressions with the same meaning as those given. The underlined expressions in the text are key vocabulary which your students should be able to recognise.

Answers

a il y avait beaucoup de circulation
b l'heure d'affluence
c un embouteillage
d le trottoir
e en plein centre-ville
f à toute vitesse

1b Quelle image représente l'incident?

Reading. Again referring to the newspaper article, students work out which picture shows the accident described.

Answer

B

2a De quel problème parlent-ils?

Listening. (1–5) Before doing this activity, look as a class at the handout for a public meeting shown on page 141. Students then listen to the recording and write down the number of the problem which each of the five speakers is talking about.

Tapescript

1 *Ma petite sœur et moi, nous sommes toutes les deux asthmatiques. La fumée causée par les voitures en ville nous rend malade.*
2 *L'autre jour, je voulais stationner la voiture pour aller au marché. Mais tous les parkings étaient complets.*
3 *Si on essaie d'aller de chez moi au supermarché, le trajet peut durer presque 40 minutes, parce qu'il y a trop de circulation sur les routes en ville.*
4 *J'ai remarqué que nos arbres et nos bâtiments deviennent de plus en plus sales. C'est la pollution causée par les véhicules qui circulent en ville.*
5 *Quand je vais au jardin public avec ma grand-mère, il est très difficile de trouver un endroit tranquille et calme. C'est trop bruyant à cause des voitures qui passent.*

Answers

1 4	2 2	3 1	4 3	5 5

2b Mettez les solutions proposées dans le bon ordre.

Reading. (1–4) Again referring to the handout, students match up the pictures with the four solutions proposed in the leaflet.

Answers

1 d	2 c	3 b	4 a

3a Pensez à la ville la plus proche de chez vous. Copiez la grille et placez les opinions dans la bonne colonne.

Reading. Students categorise the opinions according to whether they agree or disagree with them in relation to their own home town/village.

Ensure that they understand the phrases *peu de/assez de/trop de/beaucoup de* before they do the activity. There is no one correct answer.

155

LE TRANSPORT • MODULE 10

3b Sondage: Quel est le problème de transport le plus grave dans votre ville/village? Posez la question à vos camarades de classe, et notez leurs réponses.

Speaking. Ask students to put the question to as many classmates as they can in a given time. The students should answer the question using the sentence-generating box provided. They can note down each person's response by tallying.

3c Écrivez un paragraphe sur les résultats de votre sondage.

Writing. Students write up their findings as in the given example. (See page 141)

Module 10 — Entraînez-vous

(Student's Book pages 142–143)

Speaking practice and coursework

À l'oral

Topics revised

- Finding the way
- Taking the bus
- Talking about transport and traffic problems
- Giving details about a forthcoming visit to France

1 You are lost in a French town.

2 You are at the bus station.

Role-play. Ask students to work in pairs. They can take it in turns to be the 'teacher', doing each role-play twice.

3 Talk for 1 minute about the transport in your town or village. Make yourself a cue card.

Presentation. Students are to give a short talk about transport in their town/village. This can be:

- prepared in the classroom or at home;
- it can be recorded on tape;
- students can give their talk to a small group of other students; or
- certain students can be chosen to give their talk to the whole class.

The main thing is that students become used to speaking from notes, not reading a speech.

Questions générales

Speaking. These are key questions to practise for the oral exam, taken from the module as a whole. Students can practise asking and answering the questions in pairs. They should be encouraged to add as much detail as possible. It is often a good idea to write model answers together in class.

Remind students that some questions overlap different topics, so that they can prepare very thoroughly, in the knowledge that there is a good chance of such questions being asked.

À l'écrit

Topics revised

- Arranging a meeting
- Transport
- Describing yourself
- Describing where you live
- Traffic problems

1 Write a reply to an email, asking for details about the arrangements for your visit to Paris next week.

Writing. In order to respond properly, students must be able to understand the questions asked, so spend some time working out what these mean.

2 Write a letter to a newspaper about the traffic problems in your town.

Writing. Emphasise to your students the need to invent details and make things up in order to show off what they know.

Module 10 — À toi!

(Student's Book page 164–165)

Self-access reading and writing at two levels.

1 Regardez les panneaux et choisissez la bonne définition.

Reading. Students read the signs and decide which of the two statements gives the meaning of the sign.

Answers

| 1 b | 2 b | 3 a | 4 b | 5 b | 6 b | 7 a | 8 a | 9 a | 10 b |

2 Votre correspondant(e) reste chez vous. Écrivez un message en français. Dites-lui …

Writing. Students respond to the prompts to leave a message about going to a party. Prepare the task with your students by going through possible responses orally.

3 Vous faites votre stage à Paris. Vous avez pris un message d'un homme d'affaires anglais qui va visiter votre patronne, Madame Larraucou. Écrivez une note en français pour elle. Il faut donner tous les détails.

Writing. Students have to render the English notes in acceptable French. Go through the task with your group, pointing out the possible pitfalls and tense traps. You could get some suggestions orally as to what students should write.

LE TRANSPORT

MODULE 10

Cahier d'exercices, page 72

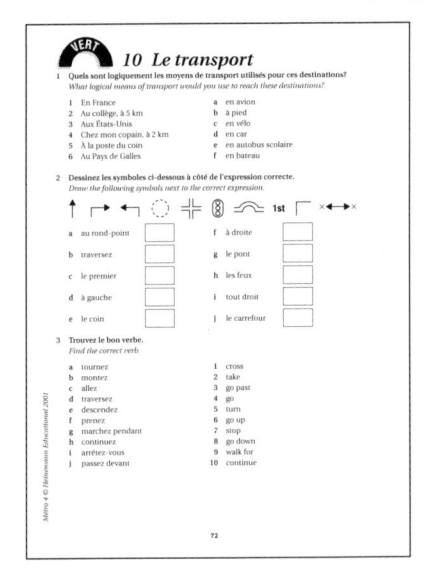

1
Answers

1 f 2 e 3 a 4 c 5 b 6 d

2
Answers

a ◌ b x←→x c 1st d ← e ⌐
f ⌐ g ⌒ h 🚦 i ↑ j ✚

3
Answers

a 5 b 6 c 4 d 1 e 8 f 2 g 9 h 10 i 7 j 3

Cahier d'exercices, page 73

4
Answers

a 2 b 1 c 3

5
Answers

Passez par le pont. Tournez à gauche. Prenez la troisième rue à droite. Allez jusqu'aux feux. C'est sur le coin à droite.

6
Answers

a 7 b 1 c 9 d 8 e 10 f 2 g 6 h 3 i 4 j 5

Cahier d'exercices, page 74

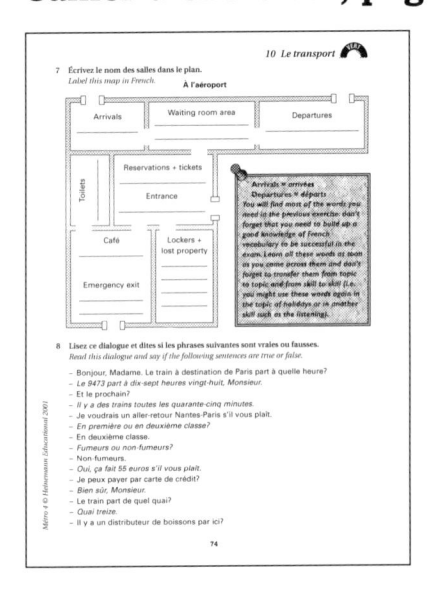

7
Answers

Arrivées, Salle d'attente, Départs, Toilette/W.C., Réservations/billets, Entrée, Café, Sortie de secours, Consigne et objets trouvés.

8

Cahier d'exercices, page 75

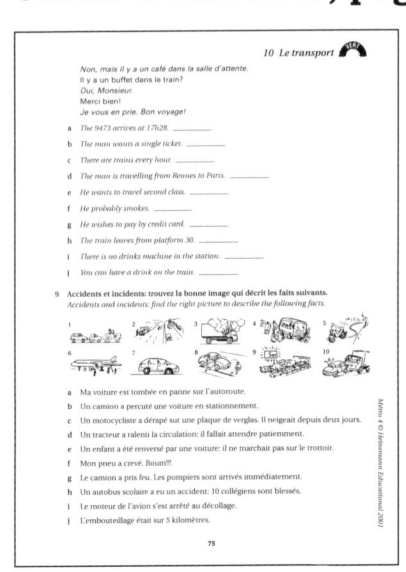

LE TRANSPORT

MODULE 10

8 (contd.)
Answers

a F b F c F d F e V f F g V h F i V j V

9
Answers

a 2 b 10 c 5 d 1 e 8 f 7 g 3 h 4 i 6 j 9

Cahier d'exercices, page 76

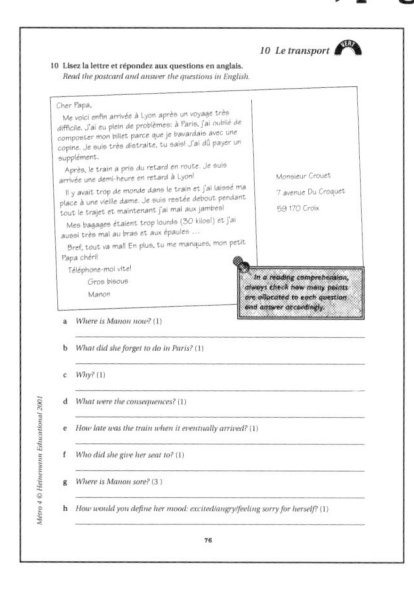

10
Answers

a Lyon. b Stamp her ticket. c Because she was chatting to a friend. d She had to pay a supplement. e 30 minutes. f An old lady. g Legs, arm and shoulders. h Feeling sorry for herself.

Cahier d'exercices, page 77

11 (writing task)

12
Answers

a maison b aller–retour c dernier de la classe d à bientôt
e en voyage f les vélos g écoutez h le déjeuner i j'aime
j journée

Cahier d'exercices, page 78

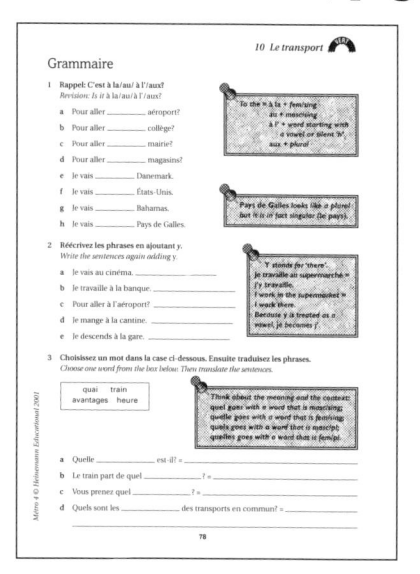

1
Answers

a à l' b au c à la d aux e au f aux g aux h au

2
Answers

a J'y vais. b J'y travaille. c Pour y aller? d J'y mange.
e J'y descends.

3
Answers

a heure b quai c train d avantages

Cahier d'exercices, page 79

Photocopiable grids for use with Métro 4 Vert Student's Book

Module 1
Page 8, 3b

	1	2	3	4	5	6	7	8
😊	anglais							
	dessin							
☹️	technologie							

✂--

Module 1
Page 11, 2b

Matière	Opinion + raisons
le dessin	✓ prof est sympa

✂--

Module 2
Page 20, 1b

1	1	1
2		
3		
4		
5		
6		
7		
8		

Module 2
Page 25, 1b

	Prénom	Qui?	Âge	Anniversaire	Cheveux	Yeux	Taille	Autres détails
1								
2								
3								
4								

Module 3
Page 36, 3a

	club?	quand?
1	volley	mercredi soir
2		
3		
4		
5		
6		

Module 3
Page 37, 4b

	activité	opinion
1	sport	☹, affreux
2		
3		
4		
5		
6		
7		
8		

Module 5
Page 70, 1a

	Préfère	Raisons
1	la campagne	plus tranquille
2		
3		
4		
5		
6		

Module 6
Page 83, 2c

	Prénom	combien?	quand?	de qui?	achète?
1	Jacques	€6,85	par semaine	mes parents	jeux électroniques, ...
2					
3					
4					
5					

Module 6
Page 85, 4

	Wants?	Problem?
1	change traveller's cheques	passport at home
2		
3		
4		
5		
6		

Module 7
Page 95, 1b

	où?	avec qui?	resté où?	combien de temps?	temps?	opinion?
1	Belgique	copains	gîte	une semaine	beau	super
2						
3						
4						
5						
6						

Module 7
Page 99, 3

	Accomodation	Reason(s)
1		
2		
3		
4		
5		

Module 8
Page 110, 1c

	aime	n'aime pas	émission préférée
1	les séries	les informations	Beverley Hills
2			
3			
4			
5			

Module 9
Page 122, 1b

	Nourriture	☺ ☻ ☹
1		
2		
3		
4		
5		
6		
7		
8		
9		
10		

Module 9
Page 125, 2c

	symptômes	remède proposé
1		
2		
3		
4		

Module 10
Page 132, 1b

	Transport	Durée du trajet
1	*en autobus*	*15 mins*
2		
3		
4		
5		
6		

Module 10
Page 137, 2a

	1	2	3	4
a				
b				
c				
d				
e				

Module 10
Page 139, 3b

	Destination	Sorte de billet	Classe	Fumeur?	Départ	Arrivée	Quai
1							
2							
3							
4							
5							
6							

Module 10
Page 141, 3a

D'accord	Pas d'accord
a	